浙江省省属高校基本科研业务费项目资金资助（10212230029）

互联网金融时代下中小银行金融创新研究

龚梦雪　著

图书在版编目（CIP）数据

互联网金融时代下中小银行金融创新研究 / 龚梦雪著. — 重庆：重庆出版社, 2024.6
ISBN 978-7-229-18756-9

Ⅰ.①互… Ⅱ.①龚… Ⅲ.①商业银行 – 金融改革 – 研究 – 中国 Ⅳ.① F832.33

中国国家版本馆 CIP 数据核字 (2024) 第 108241 号

互联网金融时代下中小银行金融创新研究
HULIANWANG JINRONG SHIDAI XIA ZHONGXIAO YINHANG JINRONG CHUANGXIN YANJIU

龚梦雪　著

责任编辑：袁婷婷
责任校对：刘小燕
装帧设计：优盛文化

重庆出版集团　出版
重庆出版社
重庆市南岸区南滨路 162 号 1 幢　邮编：400061　http://www.cqph.com
河北万卷印刷有限公司印刷
重庆出版集团图书发行有限公司发行
E-MAIL: fxchu@cqph.com　邮购电话：023-61520646
全国新华书店经销

开本：710mm×1000mm　1/16　印张：12.25　字数：200 千
2024 年 6 月第 1 版　2024 年 6 月第 1 次印刷
ISBN 978-7-229-18756-9

定价：78.00 元

如有印装质量问题，请向本集团图书发行有限公司调换：023-61520417

版权所有　侵权必究

前　言

互联网金融的发展对传统金融行业产生了较大的影响，外部市场环境急剧变化，新型金融产品层出不穷，我国金融行业呈现多元化的发展趋势。金融服务的触角不断伸长，使越来越多的群体被纳入金融服务的范围。未来金融服务将以客户需求为基础，提供个性化、差异化的服务，充分满足客户的小众金融需求。面对这些环境的改变，大型商业银行和互联网金融企业迅速响应，积极求变，掀起了一股金融创新的浪潮，市场竞争日渐激烈。鉴于此，中小银行也必须抓住时代的机遇，加快推进自身金融创新工作的进程，找准自身定位，实现数字化转型。为此，本书立足互联网金融视角，运用金融创新理论，对互联网金融时代下中小银行金融创新路径进行了详细深入的研究，具体包括以下七章。

第一章是互联网金融概述，主要包括互联网金融的发展历程与发展基础、互联网金融相关概念和理论以及互联网金融与传统金融的比较。本章首先总结了互联网金融的发展历程与发展基础，然后研究了互联网金融的定义、特征与具体理论，并对互联网金融的六大模式进行了详细介绍，最后比较了互联网金融与传统金融的相同之处和不同之处，阐述了互联网金融对传统金融的影响。本章内容是本书的研究基础，为研究互联网金融时代下中小银行金融创新奠定了理论基础。

第二章从创新需求、创新优势以及创新原则与框架三个角度对互联网金融时代下中小银行金融创新的形势进行了分析研究。本章首先具体介绍了金融创新的相关内容，从业务、服务、技术、管理四个角度分析了中小银行金融创新需求，然后从宏观和微观两个方面分析了中小银行金融创新的优势，最后基于金融创新的原则搭建了中小银行金融创新的框架，为研究互联网金融时代下中小银行金融创新的具体路径提供了思路。

第三章主要从创新方向、开拓路径以及渠道维护三个角度对互联网金融时代下中小银行金融销售渠道进行了研究。本章具体介绍了销售渠道的相关概念和理论基础，并据此从线下和线上两个维度对中小银行金融销售渠道的创新方向、开拓和维护进行了详细阐述。促进中小银行销售渠道整合，是中小银行金融创新工作的重要内容。

第四章从组织架构、管理制度、风险控制三个角度对互联网金融时代下中小银行金融管理模式创新展开了研究。本章首先具体介绍了组织架构的相关类型，基于中小银行组织架构的创新原则展开对组织架构的具体路径阐述，然后对中小银行的财务管理制度、内控管理制度创新进行了研究，最后详细介绍了中小银行金融创新面临的相关风险以及风险控制和监管措施，为中小银行金融产品创新奠定了管理基础。

第五章从中小银行金融产品的类型、技术、服务三个方面展开了创新性研究。本章首先具体介绍了银行金融产品的特点以及创新形式，通过案例的形式展开了对中小银行产品和业务类型创新实践的分析研究，以及大数据、5G通信技术在中小银行创新中的应用实践研究，最后对中小银行产品服务渠道创新进行了阐述，为中小银行金融产品创新提供了参考思路。

第六章从人才吸纳途径建设、人才培养与激励体系建设以及人才梯队建设三个角度对互联网金融时代下中小银行人才机制建设进行了研究，旨在对中小银行吸引人才、留住人才、建立完善人才管理体系提供参考思路。

第七章对互联网金融时代下中小银行金融创新进行了展望，主要内容包括中小银行的发展前景、中小银行的发展转型。发展前景代表了中小银行未来的发展目标，中小银行可以通过定位转变、管理转型推进金融创新向前发展。

目 录

第一章 互联网金融概述 / 1

第一节 互联网金融的发展历程与发展基础 / 2

第二节 互联网金融的相关概念和理论 / 8

第三节 互联网金融与传统金融 / 21

第二章 互联网金融时代下中小银行金融创新形势分析 / 29

第一节 互联网金融时代下中小银行金融创新需求 / 30

第二节 互联网金融时代下中小银行金融创新优势 / 38

第三节 互联网金融时代下中小银行金融创新原则与框架 / 45

第三章 互联网金融时代下中小银行金融销售渠道创新 / 55

第一节 中小银行金融销售渠道创新方向 / 56

第二节 中小银行金融新型销售渠道开拓 / 70

第三节 中小银行金融新型销售渠道维护 / 84

第四章 互联网金融时代下中小银行金融管理模式创新 / 89

第一节 中小银行金融组织架构创新 / 90

第二节 中小银行金融管理制度创新 / 102

第三节 中小银行金融创新风险控制 / 110

第五章　互联网金融时代下中小银行金融产品创新　/　129

　　第一节　中小银行金融产品类型创新　/　130

　　第二节　中小银行金融产品技术创新　/　147

　　第三节　中小银行金融产品服务创新　/　156

第六章　互联网金融时代下中小银行金融人才机制建设　/　163

　　第一节　中小银行金融人才吸纳途径建设　/　164

　　第二节　中小银行金融人才培养与激励机制建设　/　168

　　第三节　中小银行金融人才梯队建设　/　172

第七章　互联网金融时代下中小银行金融创新展望　/　177

　　第一节　互联网金融时代下中小银行发展前景　/　178

　　第二节　互联网金融时代下中小银行发展转型　/　180

参考文献　/　183

第一章 互联网金融概述

当今时代，是"互联网+"的时代，互联网对传统各行业产生了深刻的影响，金融业也是其中一个重要的部分。互联网与金融业的融合创新对我国金融行业的发展产生了深刻影响，激活了金融市场的活力，让更多的市场主体有机会参与金融市场。本章主要介绍了互联网金融的发展历程与发展基础，以及互联网金融的相关概念和理论，比较了互联网金融与传统金融的异同点，阐述了互联网金融对传统金融的影响，为研究互联网金融时代下中小银行金融创新奠定了理论基础。

第一节 互联网金融的发展历程与发展基础

一、互联网金融发展历程

"互联网金融"一词，拆分来看，就是"互联网"加"金融"的组合。这一概念最早出现在我国，国外尚无相关提法。就事实而言，互联网金融起源于传统金融行业将线下业务转移到线上的过程。20世纪末，美国安全第一网络银行成立，提出了"电子金融"这一概念，这与后来的"互联网金融"概念有异曲同工之妙。互联网金融的产生得益于互联网技术的发展。互联网技术在20世纪出现，如今已经广泛应用于经济、社会的各个方面，为民众生活创造了较大的便利条件。"互联网+"模式已经影响到众多传统行业，如制造行业、教育行业、旅游行业、医疗行业等，金融行业也是其中之一。金融行业是经济的重要行业，包含大量的资金和金融信息，互联网技术的加持无疑令其信息处理功能得到质的飞跃。

20世纪末至2005年，互联网金融处于起步阶段，只是单纯地在传统金融行业的基础上加入网络功能。银行、保险以及证券公司等金融机构逐渐开展线上办理业务，在小范围内提高了业务办理效率。

2005—2012年，伴随互联网技术的快速发展，互联网金融进入了萌芽阶段，以大数据、云计算、搜索引擎为代表的创新技术不断涌入金融行业，在支付方式、投融资渠道、投融资方式等方面打破了传统商业模式，创造出了新的价值。例如，以阿里巴巴为代表的第三方支付机构被普遍接受；2007年，拍拍贷的成立标志着网络借贷模式的产生；中国人民银行从 2011 年开始发放第三方经营牌照。各种互联网金融模式百花齐放，迅速成长。

2013 年被称为"互联网金融发展元年"，这一年，众多互联网公司和金融机构进军互联网金融领域，如图 1-1 所示。

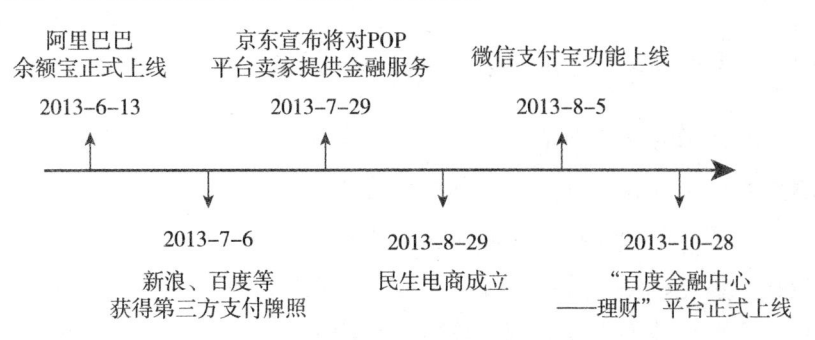

```
阿里巴巴              京东宣布将对POP           微信支付宝功能上线
余额宝正式上线         平台卖家提供金融服务
2013-6-13            2013-7-29               2013-8-5
     ↑                    ↑                       ↑
─────┼────────────────────┼───────────────────────┼──────────▶
     ↓                    ↓                       ↓
  2013-7-6            2013-8-29              2013-10-28
 新浪、百度等          民生电商成立            "百度金融中心
获得第三方支付牌照                           ——理财"平台正式上线
```

图 1-1　2013 年互联网金融大事件纵览

2013 年之后，互联网金融步入"快车道"，进入高速发展阶段。第三方支付、P2P 网络贷款平台、众筹平台等蓬勃兴起，银行、保险以及证券公司等金融机构的线上业务从网络银行扩展至手机银行、手机证券、网络保险、淘宝模式等新形式，互联网金融呈现多元化发展趋势。国家层面也高度重视这一领域，连续五年（2014—2018 年）将互联网金融写入政府工作报告，加强对互联网金融的监管，引导互联网金融健康有序发展。互联网金融在快速发展的同时也为传统金融行业带来很大的压力和挑战，传统金融行业开始积极求变，逐渐向互联网金融方向转型升级，为我国金融市场的发展注入一股新鲜的动力。

目前，互联网金融的服务范围已经将小微企业和个人包含在内，服务类型多元化发展，行业制度规范也在国家的引导下逐步建立完善，形成良性发展趋势。未来，互联网金融将向着合规性、先进性、大众性的方向发展，即服务平台合规化，减少系统风险；服务技术先进化，为实体经济助力；服务范围大众化，面向普惠群体展开金融便民服务，加强对中小微企业和民营企业的金融资源支持。互联网金融符合时代的发展要求，顺应了金融行业的发展趋势。在互联网金融时代，传统金融必然面临压力和挑战，因而其需要顺势而为，把握时代机遇，共同推动金融行业不断前进。

二、互联网金融发展基础

互联网金融的快速发展离不开三大支点：一是互联网技术的支持，二是市场需求的拉动，三是国家政策的鼓励。

（一）互联网技术支持互联网金融发展

互联网技术为互联网金融的发展提供了坚实的技术基础。最初，互联网和金融业是两个独立的领域，互联网作为辅助工具为金融业解决复杂的数据信息管理工作，金融业也为互联网企业提供融资服务。现在，源于互联网强大的连接、渗透、融合功能，互联网和金融业已经密不可分，形成了"互联网金融"这种新业态。互联网金融以互联网平台为基础，以互联网技术为手段，基于互联网全面展开金融业务。

互联网技术支持互联网金融发展体现在五个方面。

（1）大数据、云计算促进了互联网与金融业融合。大数据可以针对金融机构用户的商务数据、信用数据建立完整的数据库，并在海量数据信息中挖掘出有价值的数据信息，可以在很大程度上降低金融机构的征信成本、交易成本以及风险控制成本，促进金融业务专业化。云计算保障了信息的处理速度，使资金供需双方的信息可以在线相互传输，形成有时间顺序和动态变化的信息序列，为金融交易信息交换提供了基础，目前已经存在针对计算能力的现货交易市场。

（2）搜索引擎技术和智能语音识别技术为互联网金融发展创造了便利条件。这两者便于金融机构和用户快速搜索到符合自身需求的信息，在线自助完成信息匹配和分析，促使资金供求双方快速对接，减少了中间环节，降低了交易成本。利用搜索引擎可以对信息进行组织、排序和检索，专门解决信息超载问题。社会化搜索引擎可以将信息形成一种网络结构，与社交网络平台融合进行数据筛选。例如，可以通过"爬虫"算法抓取网页需求信息，还可以通过链接分析方法对金融信息网页排序等。

（3）电子商务平台为互联网金融提供了交易场景。电子商务平台上的网络交易都需要采用在线支付形式进行，这在一定程度上促进了互联网金融的发展，为民众提供了多元化的金融服务。

（4）社交网络平台为互联网金融发展聚集了用户资源，且在社交网络平台上产生和传播的信息，尤其是个人和机构无偿分享的数据，具有一定的可信度，为金融交易提供了基础。一般而言，社交网络的信息分享者都是利益相关者，将信息传播给其他利益相关者。个体利益相关者信息有限，但庞大的用户群体信息汇集在一起就会形成规模，使用户可以从中获取完整的信息资质。

（5）第三方在线支付为互联网金融提供了基础资金账户，聚集了大量低成本资金。第三方支付的主账户不仅可以作为资金管理工具，还配备了丰富的互联网金融产品，用户可以在这里挑选理财产品、保险产品，获取小额贷款服务等，享受一站式金融服务体验。

（二）市场需求拉动互联网金融发展

市场需求为互联网金融的发展提供了环境基础。以网络交易需求、小额理财需求、小额融资需求等为代表的互联网时代市场新需求在传统金融服务体系中很难得到满足，于是将目光放在了互联网金融领域，成为拉动互联网金融发展的强大动力。

首先，以在线购物为代表的网络交易改变了传统的消费习惯，使网民群体对普惠金融的诉求不断提高。我国互联网应用已经渗透大部分地区。据中国互联网络信息中心（CNNIC）发布的《中国互联网络发展状况统计报告》显示，截至2022年底，我国网民规模达10.67亿，较2021年增长3 549万；互联网普及率达75.6%。如此庞大的用户群体蕴含着极具潜力的市场需求，庞大的数据信息形成规模在互联网上流通，激发了网络交易需求。网络交易因为距离原因交易时间较长，无法钱货两清，买卖双方之间缺乏了解就会存在信任担忧：买方担心付款后不能及时收到货物，后续资金收回困难；卖方担心商品发出后不能及时收到货款，形成坏账。这种担忧催生了第三方支付这种形式，庞大的订单量促进了第三方支付飞速发展。

其次，随着民众收入水平逐渐提高，对小额理财的需求逐渐增加。根据中国人民银行发布的公开数据显示，2022年全年人民币存款增加26.26万亿元，同比多增6.59万亿元。截至2022年底，我国人民币存款余额258.5万亿元，同比增长 11.3%。这些数据充分显示了民间财富的累积量，促进了民间投资理财的热情迅速高涨。然而，传统金融体系使大量个人储蓄拥挤在银行等金融机构中，储蓄利率甚至可能低于通货膨胀率，面临不断贬值的局面。在这样的背景下，互联网金融因其较高的收益率、便利的投资平台、多样的理财产品成为满足小额理财需求的出口。

最后，中小微企业小额融资需求为互联网金融预留了发展空间。传统金融业资金配置方案不完善，无法覆盖大量中小微企业的融资需求，缺乏充分的信贷资源支持。从我国不断出台政策扶持中小微企业的趋势可以看出，中小微企业具有较为重要的地位，在增加就业岗位、提高居民收入、保持社会和谐稳定等方面发挥着举足轻重的作用。中小微企业是国民经济增长的重要驱动力，在全国各类市场主体中占据绝对数量优势，但中小微企业"融资难"这一现象一直是制约中小微企业发展的因素之一。以商业银行为代表的传统金融机构本质是以营利为目标，因此金融资源会倾斜大企业客户群体，因为大企业客户价值相对更高，利润贡献率更大，相比之下，中小微企业资质相对较差，因而针对中小微企业的产品种类和服务深度就会显得不足。互联网金融恰好弥补了这一点。互联网金融借助大数据和云计算等技术解决了信息不对称和信用问题，为资金供需双方提供了区别于传统金融业的全新投融资渠道，提高了资金融通效率，降低了金融交易的成本，扩大了金融服务覆盖面，因而更容易成为中小微企业的选择。

（三）国家政策鼓励互联网金融发展

国家政策为互联网金融的发展提供了政策基础。多年来，我国出台多项政策加强对互联网金融的监管力度，鼓励互联网金融的有序发展，具体政策如表 1-1 所示。

表1-1 互联网金融主要相关政策

序号	时间	发布机构	政策文件
1	2015年7月	国务院	《国务院关于积极推进"互联网+"行动的指导意见》
2	2015年7月	中国人民银行等十部委	《中国人民银行 工业和信息化部 公安部 财政部 工商总局 法制办 银监会 证监会 保监会 国家互联网信息办公室关于促进互联网金融健康发展的指导意见》
3	2015年12月	中国人民银行	《非银行支付机构网络支付业务管理办法》
4	2016年10月	国务院办公厅	《互联网金融风险专项整治工作实施方案》
5	2017年2月	中国银行业监督管理委员会（现为国家金融监督管理总局）	《网络借贷资金存管业务指引》
6	2018年4月	中国人民银行等四部委	《中国人民银行 中国银行保险监督管理委员会 中国证券监督管理委员会 国家外汇管理局关于规范金融机构资产管理业务的指导意见》
7	2019年8月	中国人民银行	《金融科技(FinTech)发展规划(2019—2021年)》

我国政府十分关注和大力扶持互联网金融，坚持以提高金融服务的质量、效益、开放程度、建立多层次的金融体制为目标，促进普惠金融的发展。互联网金融是发展的必然趋势，对金融业的产品、业务、组织、服务等多个领域都会产生深远影响。互联网金融监管应遵循依法监管、适度监管、分类监管、协同监管和创新监管的原则。

政府的扶持和宽松的监管环境使得互联网金融的发展充满了热情，国内大量的网络公司也开始涉足互联网金融领域，逐渐形成了多元化的市场竞争局面。

第二节 互联网金融的相关概念和理论

一、互联网金融的定义及特征

(一) 互联网金融的定义

当前,学术界还没有一个统一、明确的概念来定义互联网金融。但是,已有的概念研究中很多地方都是相通的,有值得借鉴之处。针对已有文献进行总结,对互联网金融的定义有以下几种代表观点。

谢平、邹传伟等人认为,互联网金融是区别于商业银行间接融资和资本市场直接融资的全新金融融资模式,在这种互联网金融模式下,支付便捷,市场信息不对称程度非常低,资金供需双方直接交易,银行、券商和交易所等金融中介都不起作用,可以达到与现在直接和间接融资一样的资源配置效率,并在促进经济增长的同时,大幅减少交易成本。[1] 陶娅娜认为,互联网金融是传统金融行业与以互联网为代表的现代信息科技,特别是搜索引擎、移动支付、云计算、社交网络和数据挖掘等相结合而产生的新兴领域,是借助互联网技术、移动通信技术实现资金融通、支付和信息中介等业务的新型金融模式。[2] 陈志武认为,互联网金融与传统金融在产品方面并无本质区别,只是进行了渠道创新。[3] 中国人民银行在《中国金融稳定报告2014》中界定了互联网金融的概念,报告认为,"互联网金融是互联网和金融的结合,是借助互联网和移动通信技术实现资金融通、支付和信息中介功能的新兴金融模式"。报告中还提到互联网金融包括广义和狭义两个方面:广义的互联网金融包括金融机构利用互联网开展的业务和非金融机构的互联网企业利用互联网从事的金融业务;狭义的互联网金融只包括非金融机构的互联网企业利用互联网技术开展的金融业务。

以上观点分别从不同角度对互联网金融的定义进行了界定,具有一定的

---

[1] 谢平,邹传伟,刘海二.互联网金融模式研究 [J].新金融评论,2012 (1):3—52.

[2] 陶娅娜.互联网金融发展研究 [J].金融发展评论,2013 (11):58—73.

[3] 陈志武.互联网金融到底有多新 [J].新金融,2014 (4):9—13.

共通性。结合上述观点可以总结出互联网金融的定义,主要包括以下三点:

(1)互联网金融是一种新型金融模式;

(2)互联网金融需要借助互联网技术和移动通信技术来实现;

(3)互联网金融具有资金融通、结算支付以及信息中介等金融服务功能。

"互联网金融"作为一个包含中国特色的概念,其出现的背景依托于我国经济发展的现实情况,并且其内涵还在不断更新完善中。互联网金融不仅仅是一个简单的"互联网"与"金融"的结合体,它与传统的金融体系有很大区别,但是互联网金融与传统的金融体系也并非完全的对立,而是一种互补关系,可以合作共赢。

(二)互联网金融的特征

关于互联网金融特征的研究众多,巴曙松、谌鹏认为互联网可以降低农村金融运营成本,提高金融服务覆盖率。① 高汉则着重强调了互联网金融具有低成本、低门槛、高收益的特点,打破了地域时间限制,实现了碎片化理财,给小额投资者提供了新的理财选择。② 刘红认为互联网金融具有平台性、便捷性、开放性的特点。③ 毛星童探究了互联网金融的计算机系统技术性风险、信用风险、操作风险、流动性风险、市场风险、政策风险、信息泄露风险等众多不同类别的风险,通过对风险的研究,提出在当前环境下监管的重要性。④

基于已有文献总结,互联网金融具有三大基本特征:一是成本低且效率高;二是服务范围广,具有普惠性;三是具有风险性。

1.成本低且效率高

互联网金融具有可以降低交易成本,提高运营效率的特征。主要表现在以下三个方面。

---

① 巴曙松,谌鹏.互动与融合:互联网金融时代的竞争新格局[J].中国农村金融,2012(24):15—17.

② 高汉.互联网金融的发展及其法制监管[J].中州学刊,2014(2):57—61.

③ 刘红.互联网金融对我国中小商业银行的冲击及应对策略[J].对外经贸实务,2017(11):25—28.

④ 毛星童.关于互联网金融风险的预防与监管措施的探究[J].吉林金融研究,2017(12):33—37.

一是利用互联网平台取代了传统线下网点人工办理业务的形式。利用互联网平台可以随时随地在线自助办理业务，进行身份验证、交易信息匹配等，用户不需要在网点进行排队、手动填写相关表单、长时间等待处理业务办理等流程，提高了业务办理效率。同时，金融机构也不需要投入大量的资金和人力建立更多的营业网点来满足业务办理需要，大大降低了交易成本。

二是互联网平台具有集成优化性，金融信息高效共享。在传统支付形式中，用户很难直接与所有银行建立联系，而以第三方支付平台为代表的互联网金融可以满足这一需求，将多个银行账户集成在一个平台之上，用户与第三方支付公司建立联系，第三方支付公司代替客户与多个银行建立联系，采用二次结算的形式提高支付清算效率，降低交易成本。

三是互联网金融去中介化的特性缩短了资金流通链条。在传统模式下，消费者对金融信息获取难度大、成本高，资金流通链条长，尤其是中小微企业融资难的问题相当突出。而在互联网金融中，资金供求双方的信息、期限、数量等都可以成为共享资源，利用互联网技术进行分享，提供给用户透明的交易和对称的信息，不需要经过银行、证券机构和交易所等传统金融中介。资金供求双方可以通过互联网平台进行信息筛选、匹配、定价和交易，有利于提高交易效率，去除中介成本。

2．服务范围广，具有普惠性

互联网金融服务范围广，利用互联网平台进行金融服务可以突破时间和地域的限制，随时随地在网络平台上找到匹配的金融资源。互联网金融的服务对象覆盖了大量的中小微企业以及个人，是传统金融服务的有效补充，有利于优化资金配置，促进中小微企业的发展。

互联网金融具有普惠性。有别于传统金融业服务限制较多，互联网金融服务的门槛相对较低，立足机会平等要求和商业可持续原则，让每个人都能获得金融服务机会，包括小微企业、农民等，有利于推动大众创业、万众创新，促进实体经济的发展，增进社会公平。

基于互联网金融服务范围广和普惠性的特征，互联网金融用户的参与程度得到较大提高。网络金融服务产品的设计更加注重用户体验，充分考虑用户需求，包括小众需求，为个性化金融需求提供最小成本的个性化选择，如小额理财、微贷款等服务，增加了用户的黏性和忠诚度。

3.具有风险性

互联网金融企业经营的目的是获取利润,因此在发展过程中很可能为了追求效益、节约成本忽略对金融风险的控制。

互联网金融风险主要来自三个方面:一是互联网没有接入人民银行征信系统,不具备银行的风控、合规和清收机制;二是用户信息安全不能得到有效保障,时常发生信息泄露事件,需要尽快完善相关监管制度;三是网络安全风险导致用户资金安全也存在一定风险,已有部分账户资金丢失的案例。

二、互联网金融的相关理论

(一)长尾理论

长尾理论是在 2004 年由美国人克里斯·安德森(Chris Anderson)提出。这一理论认为,只要产品规模足够大、流通渠道足够多,即使是冷门产品也会形成与热门产品相匹敌的市场。长尾曲线如图 1-2 所示。

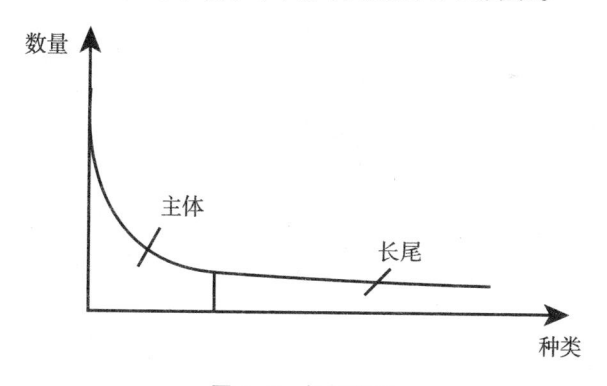

图 1-2 长尾曲线

在整个正态曲线中,前端的"头部"指市场主体,也就是热门产品,右边相对平缓的部分被称为"尾部"。传统的二八理论认为,市场中 20% 的产品就能带来 80% 的销量,因此,在资源有限的情况下,应该把重点放在头部市场上,采用低成本策略为市场提供标准化服务,满足市场需求,推动企业成为主流市场的领航者。与之相反的是,长尾理论认为,在互联网时代,关注"尾部"所带来的经济效益要远远超过"头部"。这得益于互联网的出现,为包括小众、冷门产品在内的各种产品的展示与流通提供了渠道,大大降低了产品的销售成本。以往看似无人问津的产品，现在却有了销售的机会，这些冷门产品的需求与销量结合起来，所占据的市场份额，甚至可以超过主流市场。因此，在未来的市场上，企业的销售重点很有可能在于长的"尾部"，而非"头部"。

举例来说，家居生活中有很多日用品和非日用品，日常用品属于热门商品，如清洁用品、做饭用具等，一些小超市、商店基本只卖日常用品。非日用品属于冷门商品，如一些家具零件，由于需求量少，很难在市场上找到，而网上购物平台提供了销售渠道。现在，如果家里有不常用的东西，首先想到的就是网上购物。如果这些商品的在线销量足够多，那么它的销量甚至会超过一些热门商品。

互联网企业能够提供所有产品的销售渠道，大大增加了产品种类，从而进一步降低了销售成本，甚至可以作为媒介平台而不必承担库存压力。如果销售的是虚拟产品，那么就不用承担支付、物流配送的成本了，几乎把长尾理论发挥到了极致。

金融产品就是一种具有强烈"长尾"特征的虚拟产品，除了少数高端客户外，大部分都是小而散的客户，构成了金融需求曲线"尾部"。这些客户的资金需求很小，但总体来说，他们占据的市场份额，甚至超过了高端客户。根据中国人民银行公布的数据，截至2022年末，全国共有141.67亿个银行账户，其中有140.74亿个个人银行账户。长期而言，金融市场需求结构将随着经济的进一步发展而发生变化，金融需求呈曲线的"尾部"将逐渐成为金融业的一个新增量，隐含着较大的市场潜力。

（二）信息不对称理论

信息不对称理论揭示了信息对市场经济的影响。该理论认为，不同经济活动参与者在实际市场活动中掌握信息的程度不同，相比较而言，信息掌握充分者处于有利地位，而不了解信息者处于不利地位。在市场上，卖方比买方了解更多有关商品的信息，因而更容易从市场中获利，而买方则因为不了解商品信息而难以获利。信息不对称导致了交易双方处于不平等地位，信息充分的一方甚至可以通过向另一方传递可靠信息来获取利益。

举例来说，在二手车市场上，对于二手车的质量信息，卖方往往比买方更了解，包括车龄、保险历史、维修记录等，而买方则因为不了解二手车信息而处于劣势，因此可能会付出比实际价值更高的代价购买二手车。

利用信息优势是互联网金融发展的关键。信息资源是金融产业重要资源，是制定发展决策的有力支撑。信息不对称会导致金融体系的逆向选择和信用风险。比如，信用不良的人贷款，会导致金融机构降低贷款额度，导致信用好的人无法贷到款，这就造成了逆向选择。另外，借款人在贷款入手后进行不良投资，导致贷款无法按期偿还，从而产生信贷风险。这些问题都将增加金融风险，降低金融市场的运行效率，影响金融资源的合理配置。对此，互联网金融正式建立了基于互联网和移动通信技术的信息数据库，充分挖掘信息的价值，解决信息不对称的问题。

（三）产业融合理论

产业融合理论一直是学术界关注的焦点之一。产业融合是伴随着科技革命出现的。20 世纪 70 年代，通信、信息处理技术的兴起带来了新一代信息革命，传统产业边界逐渐模糊，新的产业融合体系逐渐形成。中国学者厉无畏、王慧敏认为，产业融合是指不同产业或同一产业内不同行业相互渗透、相互交叉，最终融为一体，逐渐形成新产业的动态发展过程。[1] 傅玉辉认为，产业融合指的是通过产业物质、结构、组织、制度等多方面的协同合作，打破产业边界，形成新的产业形态。[2] 刘雪婷认为，产业融合指的是利用信息技术的突破催生新产品，开拓新市场，逐步模糊产业边界，最终实现产业整合。[3] 随着现代信息技术的飞速发展，产业融合现象不断涌现，理论研究也越来越丰富。

一般认为，产业融合的主要方式有三种：渗透式的高科技融合、产业间的延伸融合、产业内部的重组与融合。高科技渗透融合是指高科技及其相关产业向其他产业渗透、融合，形成新业态的过程。它的主要表现是通过科技

---

[1] 厉无畏，王慧敏. 产业发展的趋势研判与理性思考[J]. 中国工业经济，2002（4）：5—11.
[2] 傅玉辉. 大媒体产业：从媒介融合到产业融合：中美电信业和传媒业关系研究[M]. 北京：中国广播电视出版社，2008：3—35.
[3] 刘雪婷. 中国旅游产业融合发展机制理论及其应用研究[D]. 成都：西南财经大学，2011.

对传统产业进行赋能，促进传统产业的转型升级。产业间的延伸融合指的是各行业之间相互补充、延伸和融合。一般表现为第三产业向第一产业、第二产业的延伸融合，如发展服务型制造业、生产性服务业，以及各种农业、旅游业等。产业内部的重组与融合是指产业内相关产业间原本独立的产品或服务按照统一的标准重新组合。例如，第一产业内部的种植业和养殖业可根据生物链重新整合，形成生态农业，如桑基鱼塘。

互联网金融是一种产业融合，属于第一类产业融合方式，也就是高科技渗透融合。从互联网金融发展历程中可以看出，互联网金融源于传统金融企业线下业务向线上转移的过程，是互联网技术与金融行业渗透融合形成的一种新型产业模式，符合产业融合理论。

（四）金融创新理论

金融创新理论是一种由需求诱发利润驱动的金融现象的理论，金融创新的根本目的就是获取利润。金融创新理论主要分为金融创新动因研究和金融创新经济效应研究两大类。[①] 金融创新动因研究包括需求主导型金融创新理论、需求驱动型金融创新理论、规避管制型金融创新理论；金融创新经济效应研究包括对微观经济效应的研究和对宏观经济效应的研究，如图1-3所示。

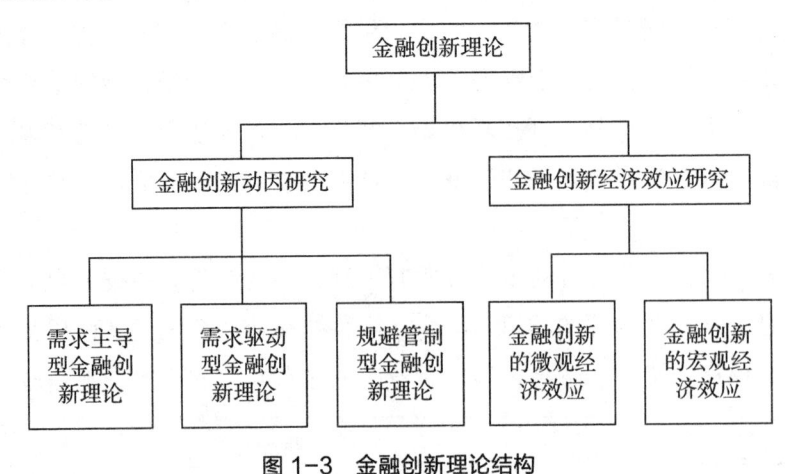

图1-3 金融创新理论结构

[①] 王爱俭. 20世纪国际金融理论研究：进展与评论[M]. 北京：中国金融出版社，2005：312—322.

需求主导型金融创新理论的代表观点是财富效应理论，认为财富增长是金融创新的主要动力，财富增长有利于提高人们对金融资产和金融交易的需求，改变金融服务偏好。

需求驱动型金融创新理论主要有技术推进理论和交易成本理论。技术推进理论认为，金融创新的主要原因在于金融科技的应用。交易成本理论认为，低交易成本是金融创新的主导因素。这些观点本质上有一个共同点，即需求是金融创新的推动力。

规避管制型金融创新理论主要有规避管制理论和诱导约束理论。规避管制理论认为，金融机构通过规避政府管制来获取利润，从而促进金融创新。诱导约束理论认为，金融创新是金融机构为了减轻外部监管压力，获取利润空间而采取的一种措施。

金融创新的微观经济效应研究主要分析金融创新对微观经济变量的影响，如金融工具创新的多样性。金融创新的宏观经济效应研究主要分析金融创新对宏观经济变量的影响，如金融资产、负债规模、金融风险等。

三、互联网金融的模式

互联网金融发展至今，已经具备多种模式。对于互联网金融的模式，李琳璐按照不同的划分方式进行了分类：按照业务模式的差异将其划分为第三方支付平台、货币基金理财平台、大众筹资平台、P2P 网络借贷平台等类型；按照资金流向分为融资型（大众筹资平台、P2P 网络借贷平台）、投资型（余额宝、理财通等货币基金理财平台）、支付中介（支付宝、微信等第三方支付平台）等。[①]

本书主要对互联网金融的六种模式进行研究，包括第三方支付、P2P 网络借贷、众筹融资、大数据金融、信息化金融机构以及互联网金融门户，如图 1-4 所示。

---

① 李琳璐. 国外互联网金融监管对我国的启示 [J]. 财会通讯，2017（36）：116—119.

图 1-4　六大互联网金融模式

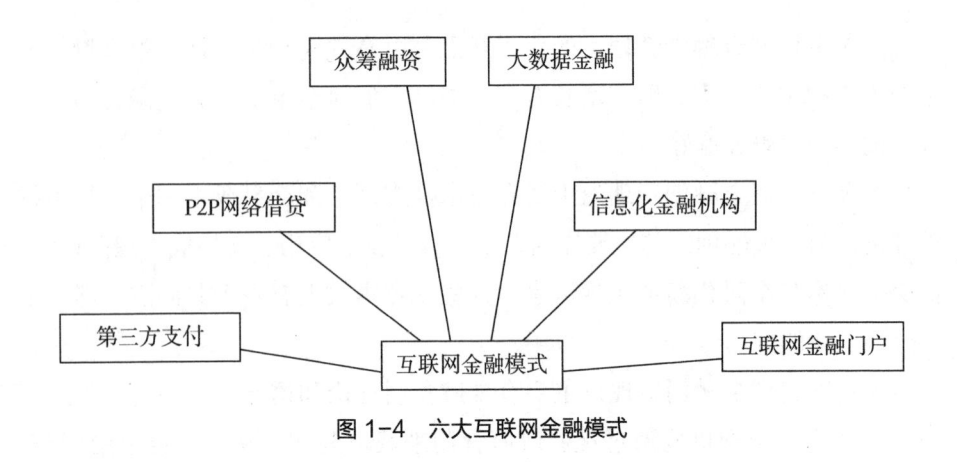

（一）第三方支付

第三方支付是指通过利用互联网技术和信息通信技术，为在线购物消费者提供支付结算接口和通道，支持在线完成交易结算、资金拨付、数据统计等功能的支付服务机构。

利用第三方支付进行网络交易的流程包括七个步骤：第一步，消费者登录电商平台选购商品并下单，形成买卖合约；第二步，消费者登录第三方支付账户发出付款指令；第三步，资金从银行账户支付到第三方支付账户；第四步，第三方支付账户完成支付，买卖合约生效；第五步，商家进行配货，将商品通过物流送至消费者手中；第六步，消费者收货后对商品质量进行验收，验收无误可以确认收货；第七步，第三方支付账户将资金支付到商家账户中。在整个过程中，第三方支付扮演着一个信用中介的角色。

第三方支付能够解决传统跨银行、跨地区支付的局限，以信贷中介的形式保证买卖双方的资金安全，充分满足了新的消费需求，是我国的金融支付制度改革，在数字经济的发展中发挥着重要作用。第三方支付的业务类型包括三种：银行卡收单、网络支付、预付卡发行与受理。其中，网络支付又可以根据支付端的区别详细分为五类，分别是移动支付、互联网支付、固定电话支付、数字电视支付以及货币兑换，前两种支付方式是目前应用比较广泛的网络支付方式。

（二）P2P 网络借贷

P2P 网络借贷，就是点对点网络借贷（peer-to-peer lending）。P2P 网络借贷是一种由 P2P 公司建立的第三方网络借贷系统，实现借贷双方之间的相互匹配，以"个人对个人"的形式直接贷款。P2P 网络借贷通过具备资质的网络平台充当中介，借款者在该平台上发布贷款标的，投资人通过竞价方式将资金借给借款人。网络借贷是指在贷款的整个流程中，信息、资金、合同、手续等全部由在线平台完成。总之，基于网络的 P2P 借贷模式已经从传统的银行间接融资模式转变为以直接融资为基础的新型贷款模式。P2P 网络借贷的深层原理是"金融脱媒"，通过运用新技术和区域中心化思维，利用扁平化中介模式降低风险传播，从而使借贷双方共同受益，实现金融的普惠性和社会化。P2P 网络借贷是一种新型的金融模式，也是今后金融服务的发展方向。

我国 P2P 网络借贷模式可以从三个方面进行分类。按照贷款的流程，P2P 网络借贷可以分为纯平台模式和债权转让模式。在纯平台交易模式下，借贷双方可以在交易平台上直接进行交易，而在债权转让方式下，由专业的放贷人参与贷款的交易。按照借贷全过程网络应用情况分类，P2P 网络借贷可以分为完全线上和线上线下相结合的两种模式。按照有无担保进行分类，P2P 网络借贷可以分成有担保和无担保两种模式，担保方式包含第三方担保和平台自己担保。

我国某些网络借贷平台通过"竞标"来满足贷款的需要，始终保持中间商的身份，在处理借贷问题方面采用信誉认证和信用等级认证相结合的方式，主要有身份认证、视频认证、户口认证、学历认证、手机实名认证、淘宝认证等，大部分是基于用户的个人资料进行认证。学历认证可以在教育部学历证书管理平台上进行认证，所有的证书都会被授予一个信用评分。信贷评级低的贷款者即使能够发出贷款要求，也很难获得贷款。同时，贷款者对贷款要求有"最低利率"的约束，当信贷级别越低，贷款的最低利息越高。换句话说，信用等级较差的贷款者不具备发放低息贷款要求的条件。此外，借贷人的所有业务都会被记录并在其个人信用得分中体现出来。

（三）众筹融资

所谓"众筹"，就是由项目的发起者借助网络动员公众的资金、能力和渠道，为小企业或个人进行某种活动、项目、创业等筹集所必需的资金。众筹融资与常规的融资模式不同，其特点在于融资单体金额小、总体规模大。不同于一般融资需要以企业的价值作为融资的评判标准，众筹融资给创业公司的融资提供了一条全新的途径。

众筹是一种新兴的网上融资方式，它可以有效地解决个人及中小微企业的融资需要，并为其提供多元化的融资意向，包括书籍发行、融资创业等。这种新模式打破了以往的融资模式，资本的来源也从风投、银行、资本市场等方面转移到了大众身上，创造了人人都可投资的新型模式，不仅降低了创业公司的资金成本，也增加了公司的市场推广。

众筹项目五花八门，不仅有新产品研发、新公司成立等业务项目，还有科研项目、民生项目、赈灾项目、美术设计项目等。众筹在经历了数年的快速发展后，目前已逐渐形成了奖金制众筹、股份制众筹、募捐制众筹以及借贷制众筹等多种运作模式。众筹的应用模式体现在两个方面：第一，创业公司通过众筹将大量散户资本聚集在一起，成为其前期发展所需的资本；第二，众筹相当于新产品提前测试市场的反馈平台，在此基础上，公司可以在众筹平台筹集到足够的资金，然后进行生产和市场扩张。通常情况下，众筹融资是一种基于平台的融资方式，主体包括融资人、出资人和融资平台，其经营模式是典型的双向交易型，能够获取的收益与其所能获得的服务程度呈显著的正相关关系。简单来说，就是融资人越多，越能获得更多出资人的资金投入，该平台就更加具有增值能力，品牌知名度也会得到提高。

（四）大数据金融

随着科学技术的飞速发展，各种信息数据遍布全球。目前，"大数据+"产业融合发展势头清晰，各行业都期望借助大数据达到迅速发展的目标，特别是在金融业，"大数据+金融"的融合程度逐渐加深，必将引领一个崭新的互联网金融时代。大数据金融以海量、非结构化的数据为基础，通过互联网、云计算等信息化手段，对其进行专业的挖掘、剖析，并与传统的金融服务相融合，创造性地开展融资业务。

根据其运作方式，大数据金融模式被划分为两种类型：平台型和供应链型。

1. 平台型金融模式

平台型金融模式是指企业借助互联网在线交易平台，将资金流、物流、信息流汇聚起来，利用在网络上长时间的经营形成海量的数据，为平台内的商家和个人提供融资服务，其核心内容之一是利用云计算技术，对客户交易行为和内容进行即时的数据分析和处理，使其在平台上产生一定的信贷累积，并据此向客户发放贷款或提供其他金融业务。

这种平台的优点是基于大量的业务数据提供服务，对于客户的状况非常了解，约等于建立了一个类似的征信系统数据库，可以大大缓解平台的信用危机，减少坏账。平台贷款不需要任何的抵押和保证，可以迅速地提供融资资金，但大部分都是短期的。

2. 供应链型金融模式

供应链型金融模式是指在供应链中，核心企业通过对上游和下游的资源整合，为所有供应链参与方提供融资渠道的互联网金融模式。供应链型金融模式的实质就是信用驱动型的金融创新，使得流动性差的资产得以流通，从而为中小型企业提供更多的信贷资源。

供应链型金融模式一方面可以解决企业的短期融资需求，使上下游资源能够真正整合，有效地降低沟通协调成本，加快资金融通使用效率，推动整个产业链的协同发展；另一方面可以通过引进核心公司，对有融资需求的公司和整个行业进行风险评估，开拓市场范围。

（五）信息化金融机构

信息化金融机构是指银行、证券、保险等金融组织，在互联网金融的背景下，对传统业务流程和产品服务进行全面的数字化管理转型和升级。在互联网金融时代，信息化金融机构的经营模式与以往的金融服务模式相比有了较大的改变。接下来分别以互联网基金、互联网证券以及互联网保险为例进行详细介绍。

1. 互联网基金

互联网基金是利用网络媒介让投资者与第三方理财机构直接沟通，区别于银行的常规理财方式，是对传统的金融产品的扩展和完善。

互联网基金的特征是将基金和网络有机地融合在一起，让其拥有除了与传统的基金相同的高流动性、高安全性和高回报等特征外，还具备以下特征。首先，互联网基金利用大数据、社交网络和移动支付等先进的信息技术，使网络交易虚拟化成为可能。与常规的基金管理方式相比，这种模式不仅简化了基金运作流程，而且减少了运行费用，还大大提升了基金运营效率。其次，互联网基金能够有效地满足基金产品与客户的相互匹配。利用在线平台进行基金管理，投资者可以从网上交易系统中获取更多关于自己投资的资讯，方便进行各类投资组合对比，以便从中选出较好的投资标的。最后，互联网基金门槛低，可以扩大金融服务范围，让更多的人，特别是低收入人群都能参与进来，从而有效地化解了金融排斥现象，充分体现了普惠金融的含义。

2. 互联网证券

互联网证券是在网络环境下进行证券交易的一种业务创新模式。互联网证券交易是指投资人通过互联网的各种渠道，包括公用网络、局域网、专用网、无线网等传输和处理有关证券交易业务，其主要业务有获取国内外证券交易所的即时交易价格、寻找有关证券交易的金融资讯、分析证券市场走势、网上的委托下单等。

传统证券交易的形式是投资人在证券交易过程中通过柜台或电话进行买卖，投资人的买卖指示可以在柜台直接传送至证券交易所，也可以透过封闭电话专线传送指令，所以信息传输过程的安全与投资人所发指令的有效传达均有保障。但互联网证券交易指令是利用公用的网络进行传送，虽然大大方便了业务的处理，但是其安全性却依赖于加密技术、区块链等信息安全技术来保证。

3. 互联网保险

互联网保险平台是在线进行保险服务的渠道和途径，具体包括四种类型：保险公司直销官网、互联网企业电商网站、互联网保险公司以及专业第三方互联网保险平台。

保险公司直销官网是保险公司自行开发独立网站，在线直接给有需求的客户提供保险业务服务。互联网企业电商网站指除保险公司自营网络平台外，以电商企业自身的互联网渠道、场景为资源，为保险消费者和保险机构提供支持辅助销售的网络渠道式平台。互联网保险公司是利用网络、移动通信等技术，实现网上投保、在线理赔的保险从业公司。专业第三方互联网保险平台是一种在线金融资讯门户，以独立的第三方身份向保险企业和客户提供产品和业务，该平台聚合资源能力强大，具备专业服务优势，起到中间制衡作用。

（六）互联网金融门户

互联网金融门户是指通过网络提供金融产品和金融服务的信息汇聚、搜索、比较、营销，同时销售金融产品的第三方服务平台。

根据业务内容和业务模式，互联网金融门户平台可以分为三种类型：第三方信息平台、垂直搜索平台和网上金融超市。第三方信息平台是全方位提供行业数据信息的权威门户。垂直搜索平台是一种以金融产品为导向的纵向搜寻入口，使用户能够迅速找到有关金融产品的资讯。网上金融超市以在线购物为主要经营模式，提供购物的即时匹配，因而此类网站集中了很多金融产品，通过网络进行金融产品的营销和服务。

第三节　互联网金融与传统金融

一、互联网金融与传统金融的对比

（一）互联网金融与传统金融的关系

从互联网金融的起源来看，初期的互联网金融实质上是在传统金融基础上的一种创新，后来逐渐发展出多元化的金融平台和工具，与传统金融相互补充，重塑了金融体系结构。

互联网金融的创新之处在于将"互联网"融入金融体系，改变了原有支付方式，对金融资产进行了优化配置，拓宽了金融销售渠道，更新了风险控制的思路，丰富了金融组织形态，整体提升了金融业的服务效率。

互联网金融是对传统金融的有益补充。由于互联网金融的普惠性和互联网技术对时间、地域限制的打破，互联网金融服务的门槛较低，可以为小而散的客户提供实时金融服务，充分发挥了"长尾效应"，让大量中小微企业得到资金支持，为创造新的经济增长点做出了贡献，同时利用互联网大数据优势识别金融风险，可以更有针对性地满足个性化市场需求，覆盖传统金融服务不到的市场区域。

（二）互联网金融与传统金融的相同点

互联网金融与传统金融在金融本质和业务基础两个方面基本一致。

互联网金融与传统金融的金融本质都是资金的融通。金融的本质就是在对现有资金整合的基础上，实现跨期资金优化配置，利用资金的融通，产生经济价值。互联网金融与传统金融都是基于金融的本质展开一系列金融活动，通过为客户提供金融服务，以一定收益率吸纳储户的闲置资金，为需要融资的企业和个人提供贷款服务或信息，并收取服务费用和信息中介费。

互联网金融与传统金融的业务基础都包括资质信用和服务系统两个模块。

资质信用是金融机构展开服务的前提，包括注册资本、信用积累、企业价值、牌照等。传统金融机构在这些方面显然优势更强，而互联网金融随着国家监管体系的完善，其资信也在逐步提升，行业内排名靠前的互联网金融公司都有十亿以上的注册资本，团队规模上千，分公司遍布全国各地，其数量甚至超过一般的城市商业银行。资质信用无论对传统金融机构还是互联网金融企业来说都是至关重要的，缺少了信用机制的金融机构是很难取信于客户的，没有客户自然也无法展开后续的金融服务，很快就会被市场淘汰。

服务系统是金融机构运营的基础，包括账户系统、支付系统、清算系统、风控系统以及管理系统等。这些系统共同构成金融机构的业务基础，是金融机构长期提供金融服务的依据。传统金融机构经过多年的发展积累，自有一套运营系统。而互联网金融更是自带系统，通过引用大数据技术，将所有的业务信息都录入数据库，形成可量化的数据模型，大大提高了金融服务的效率。服务系统对于金融行业的意义相当于蒸汽机对于工业的意义，技术就是生产力，无论传统金融还是互联网金融，都必须高度重视技术创新，不断完善自身服务系统，紧跟时代脚步，将金融服务的价值最大化。

总体来说，互联网金融与传统金融都是金融体系的一部分，两者都是基于金融的本质展开金融服务，而金融服务的顺利进行还依赖于金融机构的资质信用和服务系统，所以不断提高自身的资信、持续更新自身的服务系统是每个金融机构的必要任务。只有互联网金融与传统金融协同进步，才能实现真正意义上的普惠金融，共同推动我国实体经济高质量发展。

（三）互联网金融与传统金融的不同点

互联网金融虽然是在传统金融的基础上发展而来，但是两者在客户定位、交易方式、服务形式、销售渠道、市场环境、风控机制、担保体系以及组织结构八个方面有着很大区别，如表1-2所示。

表1-2 互联网金融与传统金融的不同点

比较内容	互联网金融	传统金融
客户定位	金融市场的"尾部"客户，具有"小而散"特征，包括中小微企业、个人。金融服务准入门槛低	金融市场的"头部"客户，具有高端、优质特征，包括大企业客户、少数优质个人客户等。金融服务准入门槛高
交易方式	以第三方支付为主要支付方式，如支付宝、微信支付等	以银行卡支付为主要支付方式，并结合互联网有所改变，如手机银行扫码支付等
服务形式	基本都是线上服务，客户通过手机、网络平台等客户端进行自助式服务，遇到问题可以在线联系客服解决	采用线上与线下相结合的服务方式，一般以线下为主。客户可以利用手机或网页享受部分业务，如小额个人转账等，超出限额或进行其他规定必须在线下进行的业务就必须通过营业网点面对面服务

续表

比较内容	互联网金融	传统金融
销售渠道	通过手机、网站等虚拟平台进行碎片化销售，使客户不受时间、地点限制了解金融产品；整合电商平台和社交网络资源，让客户可以在同一平台享受一站式服务，将金融服务融入客户日常生活，提高客户体验，扩大销售规模；利用大数据、云计算等进行数据挖掘分析，实现精准营销，向有金融需求的客户提供符合客户个人身份、年龄、资产、风险偏好的个性化推荐，提高客户和产品的匹配度	拥有专门的销售部门进行线下销售以及电话销售；在营业网点对前来咨询业务的客户进行面对面销售
市场环境	产品多元化发展，注重通过产品设计提高产品价值，充分满足客户个性化需求，以产品价值赢得市场	产品同质化现象严重，市场竞争激烈，主要依靠维护客户关系维持市场地位
风控机制	在线获取交易数据建立客户数据库并随时联网更新数据信息，基于客户当前信用等级提供对应金融服务并及时预警风险进行贷后管理，客户信用等级还适用于其他更为丰富的场景，如租房、免押金入住酒店、电商平台优先试用等	依靠过去已有信用记录和客户资产信息等基本资料进行详细资质审查并提供对应金融服务，审查条件严格且具有滞后性，风控成本高，响应速度慢，贷后管理风险高，客户已有逾期风险但系统无法预警，信用等级适用范围小
担保体系	互联网金融公司一般作为媒介平台，为借贷双方提供担保机制，或者与第三方担保机构合作，由第三方担保机构提供担保	贷款需要担保人担保，或足够价值的抵押物进行抵押，以保障金融机构利益
组织结构	组织实体逐渐虚拟化，组织形态趋向扁平化，并产生新的金融组织形态，实物资产被虚拟资产超越，数据成为重要的资产	实体机构基本保持原有组织形态，业务部门结合互联网有所变化，推出手机银行等移动端，提高业务办理效率

二、互联网金融对传统金融的影响

互联网的快速发展为众多传统行业带来不同的冲击，传统金融业也在其中。互联网与金融业的深入融合，形成新的金融形态，也就是互联网金融。20世纪末，互联网金融在我国发展起步，其业务模式以网络银行、网络保险、网络证券为主；2010年以来，我国出现了以社交网络、移动支付、云计算为代表的第二波互联网金融浪潮，特别从2013年之后，互联网金融呈指数增长趋势。当前，互联网金融已由单一的支付业务向更多传统金融业务领域渗透，如转账汇款、跨境结算、小额信贷、现金管理、资产管理、保险代销、信用卡还款等，通过金融产品和服务的创新弥补了传统金融的不足，对传统金融行业产生诸多影响，具体表现为弱化了传统金融的中介角色，缩小了传统金融的利润空间以及重构了传统金融体系三个方面，如图1-5所示。

图1-5 互联网金融对传统金融的影响

（一）弱化了传统金融的中介角色

随着互联网金融时代的到来，传统金融服务受到很大影响。互联网金融因网络带来的沟通便利性，减少了资金供需双方获取和交易信息的成本，进一步引发了金融脱媒现象，使得传统金融的中介角色逐渐被弱化。

以网络信贷平台对传统商业银行信贷业务的影响为例。社会分工的发展和信息不对称，使得投融资双方难以快速匹配。此时，传统的商业银行因其规模庞大、交易中间商的身份，可以有效地减少资金融通的成本，且长期积累的专业信息处理和风险管理能力，可以降低投融资双方之间因信息不对称性带来的风险。因此，传统商业银行成为投融资双方的金融中介。一般流程是存款人把储蓄集中到商业银行，由商业银行充当金融中介，对有融资需求的企业和个人进行统一的放款。而互联网金融时代，网络信用贷款模式逐步成为传统商业银行在个人信用和小额贷款方面的有力竞争者。网络信用具有的代表性特征就是由供求双方在互联网上进行交易。在网络平台上，借方可以自主选择贷方，实现资金供需的直接匹配。网络借贷平台只负责建立一个交易系统，以保证借贷双方顺利实现交易。在这种新模式下，供需双方在资金数量与期限的信息匹配上显然要好于传统金融中介，因此传统商业银行的中介性被弱化。同时，资金支付环节都交给第三方支付平台负责，降低了跨行交易的资金管理费用。在风险管理方面，过去传统商业银行是更为专业的代表，如今互联网金融时代，借贷双方可以通过搜索引擎、社交网站、第三方交易平台等渠道进行信用评级的数据采集和分析，然后通过资金分割的方式，将贷款人资金最小化分割，从而减少风险。以顾客为导向的网络信贷交易过程更加便捷、顺畅、透明。因此，传统商业银行业务专业性被淡化。

（二）缩小了传统金融的利润空间

传统金融机构在信用和资金等方面一直保持着成本优势。但在互联网金融时代，人们可以通过网络获得自己需要的信息，使得信息获取的成本下降，这就导致传统金融机构的成本优势逐渐丧失，加之各种互联网金融模式的多样化服务逐渐挤占传统金融服务的市场份额，传统金融机构的利润空间随之缩小。

以互联网碎片化理财模式对传统商业银行利润影响为例。互联网碎片化理财模式在我国的成功发展得益于金融市场长尾价值的充分发挥，使得传统商业银行息差利润被收紧。传统商业银行的盈利点主要在于利息差额，以较低的利率吸纳储蓄，以较高的利率提供贷款，然而各种碎片化理财业务提供比传统商业银行更高的储蓄利率以及更为灵活的储存期限，使大量储蓄流向互联网金融平台，导致传统金融产品规模下降。传统商业银行竞争日趋激烈，纷纷把存款利率提高到了法定的浮动限额，降低银行的利差，因而缩小了利润空间。

（三）重构了传统金融体系

第一，互联网金融交易成本更低，对传统金融交易产生了影响。互联网金融可以利用社交网络和电子商务平台对各种金融信息进行数据挖掘，获得一些潜在的、有价值的信息，从而为客户提供更为智能的金融服务。在互联网金融模式下，智能搜索引擎可以对信息进行组织、分类和检索，实现信息需求匹配，大大提高了信息收集的效率。在交易方面，互联网金融能够实时地获得供需双方的相关信息，并对其进行信息加工，形成一系列的时间连续、动态变化的信息序列，从而对其进行风险评估与定价。

第二，互联网金融客户服务覆盖面广，对传统金融市场份额产生了影响。传统金融更在意高端优质客户，但互联网金融定位更广，注重个人和中小微企业。尽管高端优质客户会带来更高的价值，而小额、分散的储蓄额汇集在一起的规模也不容小觑。传统金融体系下，个人储蓄市场也是重要的部分，互联网金融对这部分客户更具有吸引力，从而对传统金融市场份额产生了影响。

第三，互联网金融重构征信体系，对传统金融产生了影响。在互联网出现以前，人类的经济活动也会产生大量的数据，但只有很小的一部分会被记录下来。互联网的快速发展引发了一场数据处理革命，使人们的在线交易都会被记录下来。借助大数据，电子商务平台与金融相结合已成为颇具影响力的互联网金融模式，为完善我国征信体系提供了一种新的途径。电子商务平台逐渐进入传统金融领域，通过自身第三方信用担保支付的功能，获取了海量的第三方支付交易信息，并利用数据分析提高了资金融通的广度和速度，有效地减少了信用风险。征信系统的建立是传统金融和互联网金融风险管控的基础。我国传统金融体系风险控制的难点就是缺乏数据信息，特别是个人信用信息。互联网金融通过大数据分析，为传统金融机构提供了全新的改进路径。通过大数据挖掘技术对授信过程进行综合判断，是对我国目前征信体系的重要补充。因此，必须将传统的征信系统和互联网征信系统进行整合，实现两者信息共享，来综合评估客户的信用情况。

第二章 互联网金融时代下中小银行金融创新形势分析

一般来说，在所有的商业银行中，除中国工商银行、中国农业银行、中国银行、中国建设银行、交通银行五大国有商业银行和中国邮政储蓄银行[①]外，其他全国性股份制商业银行、城市商业银行以及农村金融机构[②]共同构成我国中小银行。中小银行是支撑我国国民经济的重要组成部分。在互联网金融时代，面对日益激烈的同业竞争，中小银行要想保持市场地位，实现长远发展，开展金融创新是必然趋势。本章主要对互联网金融时代下中小银行金融创新的形势进行分析研究，内容包括互联网金融时代下中小银行金融创新需求、创新优势以及创新原则与框架，为研究互联网金融时代下中小银行金融创新的具体路径提供整体思路。

第一节 互联网金融时代下中小银行金融创新需求

一、金融创新概述

（一）金融创新的内涵

金融创新是指为了满足经济发展需要，从金融体制到金融业务的一系列变革。金融创新的内涵可以从宏观、中观、微观三个层面进行理解。

从宏观层面来说，金融创新与金融业的发展历史密不可分，金融创新具有相当长的时间跨度，历史上任何一次重大的金融突破都可以被看作一场金融创新。此外，金融创新还包括金融技术、服务、产品、组织形式、管理方式等各个方面的创新，包含范围之广、历史跨度之长，为相关研究带来了很大的困难。

从中观层面来说，金融创新特指 20 世纪 60 年代以后金融机构为防范或转移业务风险、降低业务成本，以提高流动性、安全性和营利性为目的，建

[①] 根据中国银行保险监督管理委员会公布的统计范围，自2019年起，中国邮政储蓄银行纳入"商业银行合计"和"大型商业银行"汇总口径。

[②] 根据中国银行保险监督管理委员会公布的统计范围，农村金融机构包括农村商业银行、农村合作银行、农村信用社和新型农村金融机构。

立并整合的一种新型高效的资金运作系统。这是基于特定环境下银行中介功能的转变形成的金融创新，分为金融技术创新、金融产品创新和金融制度创新。目前大多研究内容是基于中观层次展开的。

从微观层面来说，金融创新只是金融工具的创新，主要有四种：信用型创新金融工具、风险转移型创新金融工具、增加流动型创新金融工具以及股权创造型创新金融工具。信用型创新金融工具即利用短期信贷来达到中期信贷的金融工具，可以用来分散独立投资的风险。风险转移型创新金融工具指可以转移金融工具内在风险的金融工具，包括货币互换、利率互换等。增加流动型创新金融工具指可以在原有基础上提高变现能力和可转换功能的金融工具，包括长期贷款证券化等。股权创造型创新金融工具指可以实现债转股的金融工具，包括可转换债券等。

（二）金融创新的分类

基于金融创新中观层次的内涵，金融创新可以定义为由金融行业内部环节要素的重组和变革产生的新事物和新形态。金融创新可以分为七个方面：金融制度创新、金融市场创新、金融产品创新、金融机构创新、金融管理创新、金融资源创新以及金融科技创新，如图2-1所示。

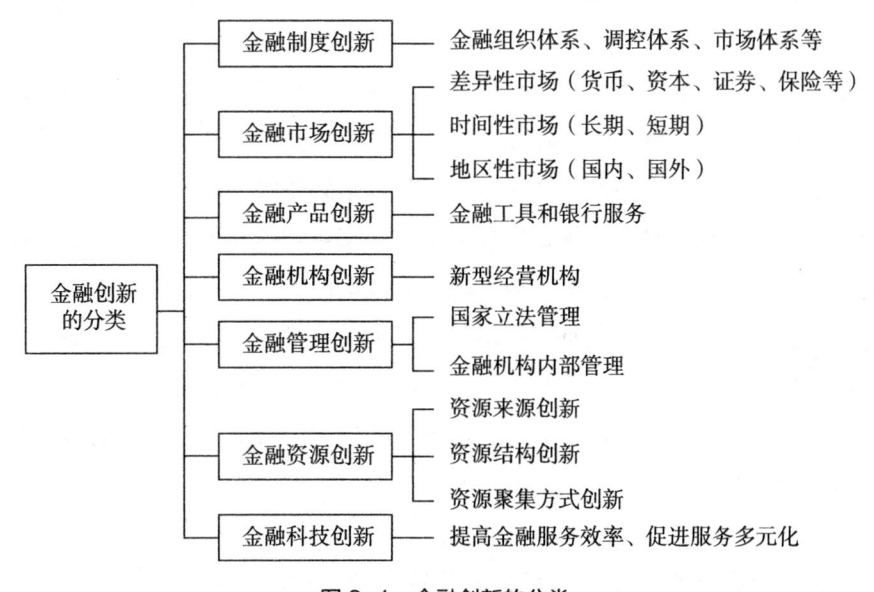

金融创新的分类	具体内容
金融制度创新	金融组织体系、调控体系、市场体系等
金融市场创新	差异性市场（货币、资本、证券、保险等） 时间性市场（长期、短期） 地区性市场（国内、国外）
金融产品创新	金融工具和银行服务
金融机构创新	新型经营机构
金融管理创新	国家立法管理 金融机构内部管理
金融资源创新	资源来源创新 资源结构创新 资源聚集方式创新
金融科技创新	提高金融服务效率、促进服务多元化

图2-1 金融创新的分类

（三）金融创新的作用

创新意味着变革，任何领域的创新都是对既有形式的颠覆，金融创新也不例外。各种形式的金融创新一般都具有提高金融回报、降低金融成本的作用，是我国经济增长的助推器。

金融创新的目的是提高金融资产的流动性、安全性和营利性，构建更加高效安全的金融体系，畅通融资渠道，优化金融资源配置，促进实体经济发展。金融创新的积极作用具体体现在以下三个方面。

1. 提高金融服务效率，提高客户体验感

互联网金融时代，金融创新都伴随电子化与信息化，金融在线交易在国民经济各个方面都得到了广泛的运用。首先，金融产品创新使金融机构的职能更加健全和完善，金融成本得到降低，金融服务得到提升，客户的满意程度得到提高。其次，支付方式的创新使付款和结算的功能得到改善，大大提高了金融机构的支付效率，可以在较短时间内实现资金的流转，不需要考虑时间和地域的限制，符合各种小规模支付的要求，减少了银行的流通费用。最后，在线业务办理可以降低线下办理的人工和房租成本。我国因地域辽阔，经济发展有待均衡，需要向边远、欠发达的地方扩展金融，而相对于传统的线下设点方式，在线服务显然更能节省成本，有利于金融业务的扩展。

2. 健全金融体系，为投资者创造多样化的投资环境

随着金融工具的不断创新，各种不同的理财产品开始在金融领域涌现，其具有门槛低、期限灵活、收益较高的优点，丰富了投资者的投资方式，推动了金融体系的发展完善。另外，金融创新对防范金融风险、保持金融稳定性具有重要意义。由于我国经济一体化进程加快，国家对利率和汇率等要素的控制有所松动，使得金融产品的价格出现了较大的波动性，从而对投资者造成一定的损失。为了避免这种情况加重，货币互换、利率互换、期货期权等金融衍生工具出现，目的是缓解利率、证券价格波动以及通货膨胀等带来的损失。投资者可以通过灵活的方式进行组合投资，使个人的投资风险降到最低，从而保持金融市场的稳定性。

3. 推动经济发展，增强经济的生命力

首先，金融开放给金融市场带来了较大的变化。在金融领域，除了基础

的存款、贷款和结算功能外，金融创新开始向股票、期货、信托等领域扩展，拓宽了金融市场的深度和广度，能够很好地适应不同的金融需求。其次，金融创新以科技为动力，提高了金融行业内部运营效率，逐渐消除了各种投融资约束，减少了运营费用，提高了金融投资的有效性和便利性，促使金融产出快速增长，支撑了经济发展。最后，新型金融产品不断涌现，加上技术进步、体制革新等诸多方面的原因，共同促进着我国经济的发展。现阶段，市场需求已经由以往的标准化、大众化向精细化、个性化和定制化转变，金融领域不断创新为金融行业的发展提供了新的金融产品和服务，改善了金融供给，增强了经济发展活力。

另外，事物发展都具有两面性，金融创新的作用也不都是积极的。金融创新在提升了金融体系的运作效能的前提下，也加大了金融体系的风险。一是对原有系统风险进行了强化。随着交易愈加频繁，各大金融机构之间的资金流动也越来越多，关系愈加密切，金融风险很容易相互波及。二是新的金融产品带来新的金融风险。各类新型理财工具自身存在着不同程度的市场风险、信用风险、流动性风险等多种风险。三是金融创新虽然为银行提供了较高的收益，但高收益必然伴随高风险。为了获得高回报，金融机构很可能负债经营，一旦遭遇经济波动，就会有破产风险。

总体而言，金融创新是发展的必然趋势，人们必须以开放的心态容纳新事物的出现，同时要加强金融监管，坚持金融创新的原则，在保持金融行业活力的基础上，将金融风险控制在一定范围内，保障金融行业对实体经济助推作用的充分发挥，促进金融行业健康高质量发展。

二、互联网金融时代下中小银行金融创新的具体需求

互联网金融时代下，传统的银行业务受到很大的影响。随着网络支付带来的便捷性，更多的人开始选择在线支付，导致传统银行交易额大大降低。中小银行因其客户定位更偏向于个人，与互联网金融客户覆盖面重复比例大，受到比大型商业银行更大的影响，因此为自身长远的发展，进行金融创新势在必行。互联网金融时代下中小银行金融创新需求具体体现在四个方面：业务拓展需求、客户服务需求、技术更新需求以及管理创新需求，如图 2-2 所示。

扩大业务规模
提高业务处理效率
提高业务竞争力
① 业务拓展需求

② 客户服务需求
提高客户营销服务
提高客户体验
满足个性化需求

线上、线下
结合模式
③ 技术更新需求

④ 管理创新需求
财务管理
风险管理

图 2-2　互联网金融时代下中小银行金融创新具体需求

（一）业务拓展需求

首先，金融创新符合中小银行扩大业务规模的需求。互联网金融业务集中、服务性强，这些特点使其业务与小额、分散的零售金融业务更为匹配，容易建立客户黏性，而零售客户和小微企业恰好是中小银行的主要客户群体，这就导致中小银行的零售金融业务受到了挤压，业务规模缩小。基于这一点，中小银行必须积极展开金融创新以改变这一发展现象。

其次，金融创新符合中小银行提高业务处理效率的需求。投资理财、融资贷款、金融支付是中小银行主要的业务，而银行类金融机构更注重的是面对面服务，这种受理模式对银行人员、网点、效率要求较高。随着网络技术的不断发展，社交活动不断丰富起来，呈现多元化发展趋势。金融创新开始向移动金融和互助金融领域不断尝试，为中小银行改变线下业务办理模式开展线上业务提供了优质路径。以贷款业务为例，中小银行贷款业务需求一般具有数量多、金额小的特点，需要耗费很多时间和人力来完成，按照传统的常规线下办理流程，很难实现大规模发展。面对庞大的业务量，低效的业务办理模式很可能成为制约中小银行发展的瓶颈。如果能够基于移动互联网建立小微企业信贷服务业务办理系统，让用户可以在移动客户端自助进行贷款申请，在线上传资料，实现贷款业务申请、受理、审批、放款以及贷后管理的全过程处理自动化，就可以在提高业务处理效率的同时，形成规模经济。

最后，金融创新符合中小银行提高业务竞争力的需求。在金融开放程度日益提高的今天，传统商业银行面对的是更加严峻的市场环境。外资银行大量涌入、民营银行兴起、网络银行迅猛发展，使得传统商业银行，特别是中小银行，在发展的同时必须面对越来越多的竞争对手，这要求中小银行在现有客户数量的前提下，必须寻找新的方式和途径进行业务拓展，以满足自身发展的需求，提高自身的竞争能力。

（二）客户服务需求

首先，金融创新符合中小银行提高客户营销服务的需求。中小银行在考虑金融创新时，必须与客户群体的网络化金融服务需求相结合，识别出有真实价值的优质客户，只有这样才能让互联网金融业务真正落地生根，为支持科技金融、匹配数字社会的发展贡献力量。从当前的市场划分情况可以看出，中小银行和互联网金融公司最大的不同之处在于，中小银行以其专业的金融能力，始终服务于实体经济，积累了长期稳定的客户群体，所以实体企业、实体商户和个人才是中小银行真正的客户，与互联网金融虚拟网络环境中的企业和个人有所区别。此外，互联网金融对长尾市场需求的关注促使传统商业银行转变营销方向，中小银行也需要更加重视这一领域的市场。在进行金融创新时，中小银行需要针对社区居民、中小微企业客户等长尾市场客户的金融需求，推出便捷化的理财方式、现代化的支付方式、电子化的经营模式以及网络化的信息传递形式，给予客户方便。

其次，金融创新符合中小银行提高客户体验的需求。过去，客户办理业务需要在传统的银行柜台等候，等待一个小时都是常事，办理业务的过程也十分复杂，往往需要花上十多分钟才能完成一次交易，这充分显示了传统银行服务资源的匮乏，客户所享受的服务体验不佳，甚至一提起在银行办理业务就会有抗拒心理。在互联网金融时代，便捷而安全、个性化定制服务、远程自助方式的金融创新服务将成为今后的发展趋势，将客户从传统的业务办理模式中解放出来。中小银行日常业务主要以支付结算、账户管理为主，单笔交易金额小但交易数量大，整体业务规模较大，占据了很大的服务资源，挤占了其他业务的服务空间。实现金融创新可以将这些基础业务放到线上进行办理，银行柜面服务与网上银行同时并行，高度减轻中小银行的业务负担，减少客户等待和办理业务的时间，缩短业务办理的流程，提高中小银行综合服务能力，优化客户体验。

最后，金融创新符合中小银行客户个性化需求。在传统的银行业务流程中，客户的个体化需求很难得到满足，银行金融产品基本都是面向大众的标准化产品，很少针对小众需求。以个人理财和储蓄为例，在传统的银行业务模式中，储蓄和理财产品很少，一方面是因为国家为了保障金融安全实行严格的监管制度，另一方面是商业银行内部很少重视客户的个性化需求，特别是中小银行，提供的理财产品种类更少。基于这种情况，很多个人客户纷纷选择了互联网金融理财产品，造成了中小银行吸纳储蓄量下降，相关服务得不到客户的认同。因此，中小银行必须积极开展金融创新，充分考虑客户个性需求，提供多元化金融产品和服务，改变当前局面。

（三）技术更新需求

金融创新符合中小银行技术更新的需求。当前，中小型银行的信息技术力量以保证系统的安全运作为中心，其工作的重点是保证系统的网络、服务器、软件等稳定运行，因而在技术开发和创新上处于弱势，更谈不上利用行业的最新信息技术，进行自主金融系统的研发。现行的金融系统信息技术部门为了尽量规避一切潜在的风险和变化因素，保证金融系统运作的稳定性和安全性，对金融创新的热情并不高，但金融创新趋势不可阻挡，因此必须正确处理两者之间的矛盾，进行科学的技术创新和运营与管理，建设高效的中小银行信息科技体系。中小企业金融技术创新不能仅限于某个技术的研发与突破，而是要以开放的方式，通过集成现有的先进信息技术，改善和优化信息系统处理流程，实现对中小银行经营发展的支撑，以达到降低成本、提高竞争力的目标。当前，在技术创新环境下，中小银行信息技术能力已经成为重要战略资源，要想在互联网金融时代把握住创新先机，必须控制技术创新过程中的关键环节，掌握创新的主动权。

银行服务会采取线上和线下相结合的模式。这是因为部分银行业务无法脱离线下网点，如对公账户业务办理、理财风险评估等业务，互联网可以解决信息不对称的问题，但不能改变监管要求的强制性规定。线下营业网点的业务办理会随着互联网的发展进行流程的简化和效率的提高，其服务模式以及产品交付方式都会产生变化，不过线下网点并不会彻底消失，其存在具有很大的必要性。线下与线上服务一体化将成为中小银行金融服务的发展方向，让客户充分享受两种服务。

（四）管理创新需求

首先，金融创新符合中小银行财务管理的需求。中小银行财务管理创新是互联网金融时代中小银行必然的发展趋势。传统商业银行的财务体系已经伴随互联网的发展发生了改变，银行业内竞争激烈，中小银行要想在激烈的市场竞争中实现长远发展，必须进行金融创新，更新财务管理体系。强化财务管理，可以为中小银行提供良好的运营条件，有效地降低企业的经营成本，最大限度地优化资金分配，与不断变化的发展目标相匹配。此外，财务管理创新能够提高中小银行的整体竞争力。在互联网金融时代，中小银行的竞争优势体现在存款和贷款等业务方面，但由于经济发展的需要，传统的财务管理模式已无法满足竞争需要。中小银行对财务管理模式进行创新，可以有效地控制财务风险，结合自身财务状况进行经济活动。比如，在互联网金融时代，第三方支付的兴起，给传统商业银行造成了一定的影响，其理财业务抢占了传统商业银行的市场份额；在生活缴费业务方面，在线支付电费和天然气功能也减少了银行利用率。面对这样的市场环境，中小银行财务管理创新的工作势在必行。

其次，金融创新符合中小银行风险管理的需求。近年，国家对金融业的监管力度不断加强，着力于防范系统性金融风险，并提出了金融监管将从机构监管向功能监管的转变，以应对金融行业的多元化发展局面。中小银行进行金融创新，会改变原有经营模式、渠道、场景等，很可能产生新的风险点，因此进行有效的风险管理是非常必要的。传统商业银行自身具有丰富的金融知识和专业经验，本身具有相对成熟的风险控制系统，但在应对金融创新带来的新风险时还需基于原有风险管理经验，转变风险管理模式，将事后风险管理转向事前和事中，提前预警风险，并在风险发展壮大前将其控制在合理范围内。

综上所述，互联网金融时代，中小银行面对市场环境的变化必须积极求变,而金融创新恰好符合中小银行长远发展的目标要求。变化带来的不仅仅是挑战,还有机遇,中小银行需要从自身出发,把握互联网机遇,顺应时代发展趋势,谋求金融创新,实现高质量发展。

第二节 互联网金融时代下中小银行金融创新优势

互联网金融时代,传统商业银行的服务思维、价值创造、角色定位和市场竞争模式产生了根本性的变化。目前,我国商业银行已经从互联网金融业务中吸取了众多发展经验,建立了一套比较成熟的金融风险控制系统,拥有了熟悉金融和互联网技术的专业人才队伍,掌握了海量的交易数据,因而在既有资金、客户等资源基础上进行金融创新,有着事半功倍的效果。特别是中小银行,既有传统商业银行所具备的特点,又因其规模较小,面向基层客户群体,而创新灵活度高。结合互联网金融模式研究中小银行金融创新有利于中小银行找到自身优势,以此作为创新的突破口,借助互联网金融,使金融实质和金融功能变得更加有效。下面将从宏观和微观两个层面对互联网金融时代下中小银行金融创新的优势进行详细的研究。

一、互联网金融时代下中小银行金融创新宏观优势

互联网金融时代下中小银行金融创新的宏观优势是基于外部大环境而言的,中小银行金融创新必然受到经济增长、政策鼓励、技术发展的影响,这些积极的宏观因素共同为中小银行金融创新提供了稳定的外部环境。

(一)经济增长促进中小银行金融创新

我国经济的快速增长是促进中小银行金融创新的根本条件。经济发展水平对商业银行的经营规模、组织结构、管理模式、运营流程等都有重要影响,同时,经济持续增长又依赖于商业银行金融创新的推动作用。经济增长对金融创新的促进作用具体体现在以下三个方面。

首先,经济的增长改变了经济结构,经济结构的变化影响中小银行金融创新的模式和方向。经济结构包括产业结构、分配结构、交换结构、消费结

构和技术结构,收入分配模式、资源生产与配置模式、经济主体的地位和作用在经济社会的演化过程中也逐渐发生了变化,经济结构体现了经济主体投资与储蓄功能的分离程度,以及经济主体金融活动的社会化程度。经济结构中一个重要的因素就是居民储蓄率,而高储蓄率是商业银行最重要的盈利来源,是商业银行开展资产业务和中间业务创新的最重要依据。经济增长会带来高储蓄率,储蓄存款总量大,稳定性强,成本低,推动了商业银行,特别是中小银行业务和组织结构的迅速发展,为中小银行的金融创新奠定了基础。金融创新本身就是一个不断变化、进行自我突破和变革,以适应经济社会发展持续不断的过程,拒绝创新会影响金融行业的发展前景。

其次,经济增长提高了居民收入,带动了消费的增长,使消费结构逐渐发生变化,向更高层次转变,从而产生新的金融需求,进而刺激金融创新。根据前面叙述可知,中小银行在新的经济增长环境有业务拓展需求、业务服务需求、技术更新需求以及管理创新需求,这些需求共同刺激中小银行不断探索金融创新之路,以顺应经济的增长和时代的发展。根据国家统计局数据显示,2022年全国居民人均可支配收入 36 883 元,比上年增长 5.0%,扣除价格因素,实际增长 2.9%,如图 2-3 所示。2022 年全国居民人均消费支出 24 538 元,比上年增长 1.8%,其中人均服务性消费支出 10 590 元,各类消费占比如图 2-4 所示。因此,面对经济增长带来的消费增长,中小银行可以根据消费需求进行金融创新,更能充分发挥创新优势,满足市场竞争的需要。

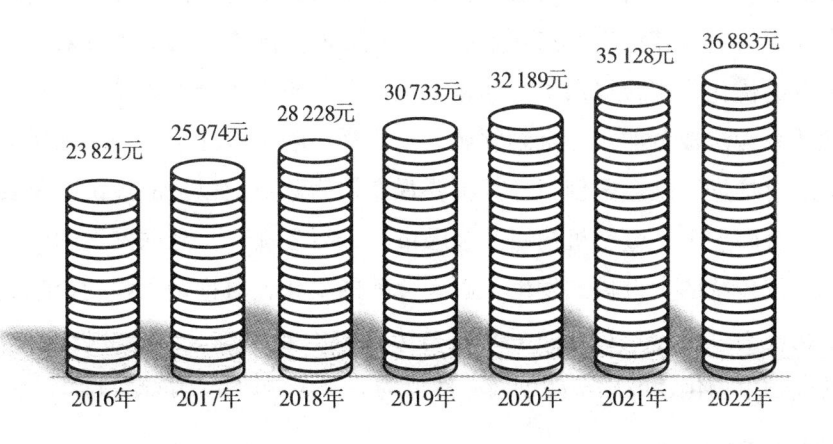

图 2-3 2016—2022 年全国居民人均可支配收入

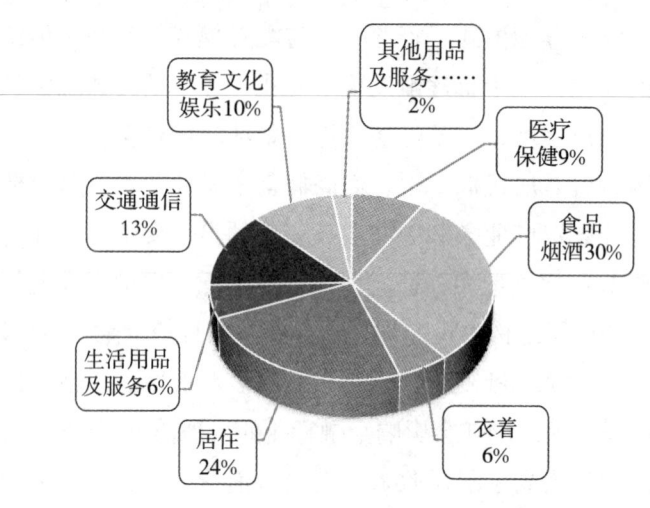

图 2-4　2022 年全国居民人均消费构成

最后，经济增长也带动了互联网金融的发展，使得互联网金融利用更高回报、更低门槛、更便捷服务的互联网理财产品挤压中小银行的零售业务，倒逼中小银行通过金融创新谋求长远发展，保持市场份额。

（二）国家政策鼓励中小银行金融创新

首先，自 2013 年开始，我国金融改革悄然进行，国家将金融改革的重点放在了优化资源配置效率上，强调了加强监管与放松监管同时进行，即对监管不足的方面加强监管，对监管过度的方面放松监管，两者并举共同推进金融行业，为实体经济提供高质量服务。互联网金融充分彰显了其对于金融资源配置的优化作用，提供了多样化金融产品，丰富了金融体系，填补了传统金融体系无法覆盖的小微金融领域。王仁祥、喻平曾在金融领域的研究中提出"政府推进"型金融创新，其主要观点认为政府应以适应经济改革要求为目的对金融业务、金融机构以及金融市场进行创新。[①] 互联网金融的出现与发展，使传统的金融模式发生了翻天覆地的变化，对推进我国的金融制度变革、构建有效竞争、鼓励创新市场等方面具有重要意义。在这种大背景下，推动金融市场化、鼓励金融创新必然成为我国金融改革的战略目标。

[①] 王仁祥，喻平．我国与西方金融创新动因之比较[J]．武汉理工大学学报（社会科学版），2003，16（3）：254—258．

其次，2015年《中国人民银行 工业和信息化部 公安部 财政部 工商总局 法制办 银监会 证监会 保监会 国家互联网信息办公室关于促进互联网金融健康发展的指导意见》中明确指出要为互联网金融提供更多的创新空间。这有利于充分发挥互联网"开放、平等、协作、共享"的精神，利用互联网、大数据、云计算等技术对中小银行金融体系进行改造和提升，构建统一的金融管理制度框架，为中小银行金融创新提供一个公正、有序的市场竞争环境。

最后，我国传统商业银行，包括中小银行得益于我国基础信息建设的发展完善，已经积累互联网金融业务的数据资源，为金融创新提供了经验支撑。

综上所述，金融改革的战略目标、国家政策的扶持和中小银行的资源基础，共同为我国中小银行在互联网金融时代的创新提供了有利的制度、环境和条件。

（三）技术发展助力中小银行金融创新

基于技术推进型金融创新理论的观点，金融创新的主要原因在于金融科技的应用。尤其是中小银行运用先进信息技术融入银行业务，形成一种新的经营理念，促成金融创新。技术进步对中小银行金融创新的助力作用具体体现在对内对外两个方面。

一方面，在互联网金融时代，先进信息技术带来的便捷性和智能性，大数据和云计算等技术的不断革新，为中小银行金融创新奠定了坚实的基础。中小银行可以借此搭建自己的云系统，并将服务器、存储设备等在内部通过局域网络进行连接，建立一个局部的网络孤岛，将银行内部资源进行整合。这个平台可以构筑各种云功能为中小银行金融创新服务。通过这个云平台，中小银行可以增强内部治理能力，为金融创新创造良好的内在环境。例如，中小银行可以将目前简单的办公节点自动控制模式利用云平台转型升级，构建以用户为中心、以应用为载体、以消息为主线的云办公信息化系统，同时将银行内部管理信息、地理信息、监控信息等综合运用起来，实现对自身的全方位的实时动态监测，保障金融创新环节畅通。

另一方面，中小银行通过先进信息技术，可以增强银行对外的创新能力。比如，中小银行可以在线进行资源整合，发挥协同效应，突破物理网点限制、人员调配限制、业务资格限制等制约中小银行业务发展的因素，拓宽业务覆盖范围，扩大银行客户群体。同时，中小银行也可以借鉴互联网金融在数据采集方面的经验，搭建自己的数据库，用于获取资金实时变动情况、存款情况、贷款情况、贷后违约情况等结构性数据，还可以加大对反映客户消费习惯、性格特征等非结构化数据抓取和分析的力度，在客户关系和精准营销等领域进行创新管理。中小银行可以借助数据库更充分地了解和预测客户的需求，从而实现对客户的有效定位，锁定潜在客户。在风险控制上，中小银行从过去单客户、单账户、单品种、单业务条线的风险管理模式，创新转变为基于云平台的业务上下游联动、账户交易数据的网络化风险管理模型。这些都将提高我国中小银行的金融创新水平。

二、互联网金融时代下中小银行金融创新微观优势

互联网金融时代下中小银行金融创新的微观优势是基于中小银行自身优势而言的，中小银行进行金融创新具有客户资源优势、经营优势、管理优势以及人才优势，这些积极的微观因素共同为中小银行金融创新创造了灵活便利的条件。

（一）客户资源优势

中小银行金融创新具有强大的客户资源优势，具体体现在以下三个方面。

首先，中小银行因地缘关系具有天然客户优势。我国中小银行大多地处二三线城市，营业网点遍布乡镇农村，扎根于当地，与当地居民、小微企业以及相关部门都有着密切的联系。中小银行营业网点贴近民众，为客户办理业务提供了很大的便利。虽然互联网金融时代线上金融活动成为发展趋势，但是银行网点的优势是无法被取代的，这种面对面交流带来的信任感和安全感是无法通过技术手段模拟出来的。结合在线技术对线下金融业务服务模式进行创新是更便捷的途径。线上渠道可以提高客户对中小银行的关注度，增强客户黏性，是一种非常有效的营销方式。因此，中小银行借助在线技术可以使线下业务活动的创新很容易受到当地客户的支持。另外，银行职员是银行与客户的沟通渠道之一，而中小银行的员工大部分均为当地居民，具有天

然交流优势，很容易形成银行、职员、客户之间良好的本地社交网络，对开展金融创新具有积极的影响。

其次，中小银行客户定位具有基层优势。中小银行因地理位置关系大多处于经济发展相对较慢的乡镇地区，且银行规模较小，面向的客户基本是小微企业和个人，具有天然的基层优势。目前，虽然互联网已经大范围普及，但乡镇地区的人们因长久以来的习惯和认知导致更容易接受银行业务，对互联网金融产品持保留态度的现象不算少见。因此，中小银行创新的金融产品和服务更容易被基层客户接受并支持。同时，中小银行通过金融创新可以提高银行业务处理效率，为客户节约时间成本。

最后，中小银行具有差异化客户竞争优势。在我国，大多小微企业都面临相同的难题，包括资金不足、信用度不高以及财产抵押实力不够等，想要通过大型商业银行进行融资具有很大的困难。由于规模和资金的限制，中小银行一般采取差异化竞争战略在金融市场中进行竞争，将自身定位为"市民银行""三农服务银行"等，聚焦具体的服务业务，为小众客户提供零售业务以及小额贷款业务，并借助先进的信息技术进行业务营销，以区别于大型商业银行的战略目标和客户资源稳固自己在金融市场的优势地位。

（二）经营优势

相较于互联网金融产品，中小银行金融创新产品具有更大的经营优势，主要原因有三点：一是中小银行拥有存款特许经营权；二是中小银行具有相对更强的资金实力；三是中小银行的实体服务模式比互联网金融的虚拟服务更具安全感和信任感。

首先，按照《中华人民共和国商业银行法》的规定："未经国务院银行业监督管理机构批准，任何单位和个人不得从事吸收公众存款等商业银行业务，任何单位不得在名称中使用'银行'字样。"因此，银行在揽储方面具有天然优势，中小银行同样具备合法吸收公众存款的资格。即便很多互联网金融公司获得了相关牌照和业务资格，但是在公众心中的信任感依然比不上银行。

其次，资本是金融活动进行的根本。中小银行发展时间久，具有一定的资金实力，业务活动受到国家制度保障，而一般的互联网金融公司，国家监管还在不断完善，虽然受到的制约小，看似具有更高的利益，但同时伴随着更高的风险。大多数居民储户对理财风险都持保守态度，风险厌恶型居多，为了资金安全，更偏向于选择银行进行储蓄。因此，银行具有相对雄厚的资本进行投融资活动。根据中国银行保险监督管理委员会（现为国家金融监督管理总局）发布的数据显示，我国中小银行总资产规模逐年上升，为金融创新提供了资本保障，提高了客户对中小银行的信任度。

最后，中小银行主要业务基本通过线下营业网点进行办理，其多年的运营，连通了各地各个行业的企业，连接了众多的个人储户，已经树立了较高的社会声誉，在普通消费者心中建立了较高的信任感。互联网金融产品是近年刚刚兴起的，经营时间短，很多消费者还保持观望态度，而且这种虚拟的金融服务很容易带来不真实感，让消费者有难以把握的感觉，因而在心理上更偏向于中小银行。

（三）管理优势

中小银行在管理方面具有很大的优势，体现在经营决策和风险控制两个方面，为金融创新起到积极的推动作用。

在经营决策方面，中小银行管理结构相较于大型商业银行更为扁平化，具有较少的层级，在经营决策等方面具有较大的自主权，面对市场变化可以及时响应、果断决策、迅速执行。在进行决策时，中小银行具有较高的灵活性，可以通过互联网、地缘优势捕捉市场信息，从而更好地理解消费者的心理状态，决策时也能更贴近市场需求，并且由于组织结构相对简单，决策限制较少。

在风险控制方面，互联网为金融行业带来了便利，也带来了新的风险，且金融行业历来都是高风险经营的行业，所以，进行有效的风险控制是整个金融行业发展过程中必不可少的环节。相较于中小银行，互联网金融由于发展时间短，风险控制体系相对来说还不健全，风险处置的水平也没有得到充分的验证。而很多中小银行都建立了风险管理部门、内部审计部门等专业的风险控制组织架构。这些部门对风险控制具有很强的实践能力，建立起了相对完备的风险控制指标体系、风险管理框架体系和风险处理程序。同时，我国对中小银行有完善的法律法规，对其进行严格监管、规范管理。因此，在防范风险和保障客户资金安全上，中小银行的优势是毋庸置疑的。

（四）人才优势

行业内的竞争究其根源是人才的竞争。互联网金融时代下，金融行业的竞争关系也充分体现了这一点。相较于大型商业银行，中小银行在人才吸引和激励方面具有更大的优势。主要原因是我国大型商业银行大多属于国有银行，其内部产权结构和人员管理制度与中小银行有所区别。大型商业银行的高层管理人员很多都是由国家直接任命的，且大型商业银行规模大，员工数量多，相关人才激励措施成本较大，很容易出现分配不公的现象，操作难度较大。而中小银行规模较小，员工数量也较少，具有很强的灵活性，在人员管理方面具有很大的自主权，员工激励成本相对较低且能够做到覆盖全面，因此激励措施容易操作且很容易看到效果。中小银行可以充分利用这些优势，以丰厚的报酬引进优秀金融人才，运用科学的管理方法激励人才创新，为金融创新提供支持。

第三节　互联网金融时代下中小银行金融创新原则与框架

一、互联网金融时代下中小银行金融创新原则

2006年，中国银行监督管理委员会（现为国家金融监督管理总局）发布的《商业银行金融创新指引》中提到，商业银行开展金融创新活动应该遵循合法合规原则、公平竞争原则、知识产权保护原则、成本可算原则、风险可控原则等。这些原则为我国中小银行金融创新划定了原则范围。如今步入互联网金融时代，中小银行金融创新原则又有了新的应用。金融创新无论采取何种方式，最终目的都要落实到满足客户金融需求、提升金融效率、降低金融风险、提高金融机构收益上来。从互联网金融发展现状来看，我国中小银行的金融创新才刚刚起步，相应的外部机制还不健全，但是已经基本具备金

融创新的开展条件。在互联网金融时代，中小银行创新必须充分发挥金融创新优势，遵循五项基本原则，即合法公平原则、以客户需求为中心原则、普惠金融原则、安全至上原则以及求真务实原则（图2-5），以此实现金融创新的顺利进行，为中小银行高质量发展指明方向。

图 2-5　中小银行金融创新原则

（一）合法公平原则

互联网金融时代下，中小银行金融创新要坚持合法公平原则。中小银行金融创新的首要前提自然是在法律规定的范围内进行，不得假借金融创新之名逃避国家监管或从事损害客户资金安全的业务活动，否则就会受到法律的制裁，不符合中小银行金融创新的初衷。中小银行金融创新也必须在不影响其他金融机构或企业的情况下进行，充分尊重他人的知识产权和劳动成果，不侵犯他人的合法权益，同时要注意保护自主创新金融产品和服务的产权，制定相应的制度，保护自身权利免受他人侵害。如此才能保证金融市场竞争的公平原则，避免恶意竞争扰乱市场秩序，从而维持金融市场健康、有序、和谐发展。

（二）以客户需求为中心原则

互联网金融时代下，中小银行金融创新要坚持以客户需求为中心原则。互联网的基础功能就是网络连接，中小银行基于互联网进行金融创新就是把银行内外部所有业务环节、部门机构、运营模式等节点构建成一个金融网络，每个节点之间都具有相互关联的属性。中小银行的发展离不开客户资源的支持，银行与客户也是互联网节点之一，两者之间的持续联系使银行可以不受时间和地域的限制，持续为客户提供金融服务，而客户也不再受限于金融服务资源的缺乏，拥有了越来越多的自主选择权利，可以在多样化的金融产品和服务中进行选择，甚至连细微的需求都能得到满足。客户不仅成为银行资金的提供者，也是银行服务的消费者，是银行价值链上的重要一环。《商业银行金融创新指引》指出，商业银行开展金融创新活动应做到"认识你的业务""认识你的风险""认识你的客户""认识你的交易对手"。其中，"认识你的客户"就是要明确目标客户群体，了解客户风险偏好，有针对性地提供相匹配的金融产品和服务，不得向客户提供不在其风险承受能力范围之内的产品和服务。这一原则的核心就是以客户需求为中心。中小银行在互联网金融时代的创新也要坚持这一原则，把"面向客户、了解客户、服务客户、融入客户"这一理念作为金融创新的起点与核心，牢记创新之初衷，使客户的真实需求得到充分满足。

（三）普惠金融原则

互联网金融时代下，中小银行金融创新要坚持服务于实体经济的普惠金融原则。互联网金融是对传统金融模式的创新。2015 年，《中国人民银行 工业和信息化部 公安部 财政部 工商总局 法制办 银监会 证监会 保监会 国家互联网信息办公室关于促进互联网金融健康发展的指导意见》中将服务实体经济、提升普惠金融水平作为互联网金融创新的基本要求。基于互联网金融创新的经验，中小银行金融创新理应与实体经济紧密结合，脱离了实体经济的金融创新就是无根之萍，经不住时间的验证，也很难获得客户的信任，最终很可能加大中小银行自身的金融风险，成为国家监督管理部门重点清理整顿的对象。

中小银行金融服务的覆盖区域与互联网金融服务的覆盖区域有很多重叠之处，中小银行客户群体主要以小额、分散的个人和小微企业为主。2018 年，中国银行保险监督管理委员会发布了《中国普惠金融发展情况报告》，强调了创新普惠金融产品服务、发展数字普惠金融的重要性。中小银行借助互联网信息技术进行金融创新要坚持客户定位，充分挖掘长尾客户，扩大中小银行金融服务半径，丰富金融产品类型和服务手段，坚持普惠性原则，努力实现社会每个主体都能享受到相匹配的金融服务这一目标，促进我国金融行业高质量发展，使人民共享发展成果。

（四）安全至上原则

互联网金融时代下，中小银行金融创新要坚持安全至上原则。坚持安全至上原则具体表现为风险可控和发展谨慎两个方面。

互联网具有虚拟性的特点，且目前互联网还没有进行实名认证。基于这样的背景，互联网金融在发展过程中因无法保证信息的有效性以及客户身份的真实性，会面临更加复杂的信用风险。这种风险表现之一是互联网金融产品种类多样，时刻都有创新产品出现，加大了监督管理难度，使监管制度呈现滞后性。风险表现之二是互联网金融产品对客户的隐私保护机制不健全，加大了信息管理的难度。因此，中小银行在进行金融创新时应该建立专业的风险控制系统，识别创新过程中可能出现的金融风险，支撑自身创新进程的持续，将金融风险控制在合理范围内。

中小银行金融创新要保持稳健性，以谨慎的态度对待创新过程中出现的所有问题。金融行业本身就是一个带有风险的行业，其每一次改革和进步都是基于安全为先的原则，将安全性放在营利性之前作为重点关注对象，只有保持谨慎的态度才能以发展的眼光看待金融创新，而不被眼前的利益所迷惑，促进中小银行走得更快更远。当前，互联网金融时代下中小银行的金融创新之路还处于起步阶段，尚有许多可以探索和创新的空间。部分中小银行自身的业务水平不足，缺乏市场调研和相关信息，金融创新相应的监管制度尚待完善，风险控制水平不够，所以采取渐进的方式徐徐图之不失为一项合理的策略。例如，在进行金融业务创新时，除了注重客户支付体验外，还要关注支付的安全性，在安全标准不达标时不能将产品投入市场提供给客户。特别是当中小银行金融创新超出传统模式，与现有经营体制相冲突的情况下，或者进入一些当前金融监管没有明令禁止也没有明令允许的模棱两可的领域时，更要选择谨慎稳健的发展姿态，把握好政策底线，在不影响发展机遇的基础上，稳步推进创新进程，不冒进、不退缩，真正实现中小银行金融创新的高质量发展。

（五）求真务实原则

互联网金融时代下，中小银行金融创新要坚持求真务实原则。把握求真务实原则是指中小银行要从实际出发，实事求是，结合自身业务特点和创新优势，选择适合自己当前发展现状的金融创新路径，而不是盲目模仿其他金融机构的金融产品，或者简单地将一些成功实践的互联网金融模式套用在自己身上，反而影响银行业务的正常开展，不利于中小银行找到自己的创新之路。

借鉴互联网金融模式进行中小银行金融创新一般有两个阶段。第一阶段是单纯地进行技术创新，将互联网技术运用到银行业务和运营系统中，拓展在线办公、线上线下综合服务，提高中小银行业务处理效率，降低运营成本，减少客户等待时间。这只是金融创新的初级阶段，大多数中小银行已经完成这一阶段的创新任务，谋求更深层次的金融创新。第二阶段是通过O2O（online to offline）的模式开展金融创新。O2O模式是指将线下的商务机会与互联网的技术融合在一起，让互联网入口成为线下交易的前台，与此同时起到价值传递、营销推广和达成交易的作用。中小银行可以采用这种模式将银行线下的产品、服务与线上营销紧密结合，拓展出新的销售渠道。这个阶段的金融创新在不同的金融机构有不同的实践路径。比如，大型商业银行依托雄厚的资本基础，完全可以选择自行打造专属电商平台，形成完整的金融生态圈，而中小银行缺乏雄厚的资本支持，自行建立专属电商平台的成本太高，不符合中小银行实际情况，因此需要结合当下，秉持求真务实的原则，可以选择与知名互联网电商平台合作，以更低的成本将自己纳入金融生态圈中。这充分体现了求真务实原则的重要性。部分地方中小银行在进行金融创新时也可以充分结合当地资源优势，因地制宜，以更低的成本解决实际的问题。

二、互联网金融时代下中小银行金融创新框架

互联网金融时代下，市场竞争日趋激烈，面对层出不穷的互联网金融产

品对中小银行零售业务的挤压，金融创新成为必要的发展路径。中小银行金融创新不是单个方面的创新，而是多维角度整体协作的创新，每个角度的创新部分都应该相互促进、有序协同。中小银行金融创新路径包含四个部分，分别是销售渠道创新、管理模式创新、金融产品创新以及人才机制建设，共同组成了中小银行金融创新的框架，如图2-6所示。

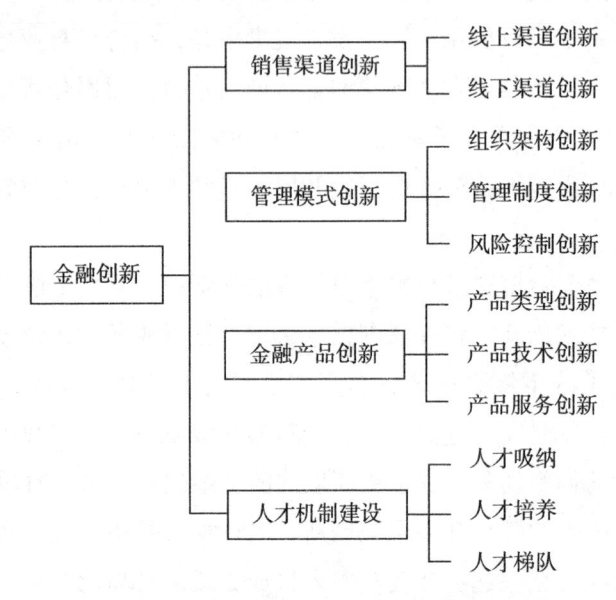

```
                         ┌── 线上渠道创新
             ┌─销售渠道创新─┤
             │           └── 线下渠道创新
             │
             │           ┌── 组织架构创新
             ├─管理模式创新─┼── 管理制度创新
             │           └── 风险控制创新
  金融创新 ──┤
             │           ┌── 产品类型创新
             ├─金融产品创新─┼── 产品技术创新
             │           └── 产品服务创新
             │
             │           ┌── 人才吸纳
             └─人才机制建设─┼── 人才培养
                         └── 人才梯队
```

图2-6　互联网金融时代下中小银行金融创新框架

（一）销售渠道创新

中小银行金融创新，渠道创新是第一位的。互联网金融领域也同样是"渠道为王"的领域，这很大程度源于网络渠道在扩大客源中的显著优势。因此，中小银行通过网络渠道创新获取市场份额是一个切实可行的路径。渠道创新的作用也不仅仅体现在扩大客源方面，还可以体现在节省线下营业网点成本方面。以前，中小银行的销售渠道主要是线下营业网点，但是部分网点由于种种原因业绩并不理想，而网络渠道可以取代这些无力的网点，促进线下网点营销模式的优化与运营模式的转变。

中小银行销售渠道创新，要构建一个线上线下相结合的渠道。一方面，线上线下渠道要协同建设，不能用网络渠道完全取代线下渠道，必须同时发展；另一方面，注重线上线下渠道的相互配合，打通渠道之间的界限，发挥协同效应，形成全方位同步协调、两相呼应的营销渠道。

另外，中小银行销售渠道创新要注重新渠道的开拓。线上渠道种类多样，包括电商平台、第三方支付公司、通信运营商等。中小银行不仅要将银行产品和业务网络化，还要将银行建设成为线上客户的金融服务入口，构建自身的金融生态圈，提升客户黏性，完成真正意义上的全面渠道创新。

（二）管理模式创新

中小银行管理模式创新包括三个方面：组织架构、管理制度和风险控制。

在组织架构方面，中小银行金融创新的重点在于建立一个能快速适应市场需求以及具备高度创新活力的组织体系。相较于新兴的互联网金融公司高效、扁平化的组织架构，中小银行存在着层级结构多、信息传输不畅、市场响应迟缓、部门间的协作困难、手续复杂、不同分行经营水平参差不齐等问题。因此，中小银行在互联网金融时代必须重新构建适合当下金融环境的组织架构，以充分优化现有金融资源的配置。在重新构建组织架构时，中小银行可以将主要业务部门进行分解和整合，实行条线化管理，推进银行内部组织结构向专业化、扁平化发展。具体来说，中小银行要尽量将相关的多个层级机构合并成为一个，提升组织决策和执行的效率，重新界定各部门的功能和责任边界，避免业务重叠或责任划分不清而导致内部竞争或相互推诿。同时，中小银行还要对总行和分行的关系进行重塑，加强总行的业务职能，转变以管理功能为主的现状，促进总行和分行相互协调、共同支持、协同发展。

在管理制度方面，中小银行金融创新首先要确立符合互联网金融时代特征的战略目标，转变自身定位。在制定战略目标时，中小银行必须从整体上把握互联网金融的发展趋势，充分了解自身的创新优势，根据创新原则，找准适合的定位。此外，管理制度还包括财务管理制度、档案管理制度等方面。中小银行金融创新要进行全方位的制度创新，改变一切拖慢运营效率、造成资源浪费的制度，为自身的发展注入新的活力。

在风险控制方面，中小银行金融创新要构建全新的风险评估和管理体系。

互联网金融产品与传统银行金融产品相比具有明显的差异。在互联网时代，中小银行进行金融创新，必然会带来新的风险，因此制定相应的风险管理措施十分必要。风险控制在整个金融行业中占有重要地位，不管是对互联网金融公司，还是对商业银行来说，都必须具备足够的风险管理水平。中小银行在金融创新的同时必须坚持稳健经营、坚守风险底线。比如，中小银行在产品的风控方面可以借鉴互联网企业的大数据风控模式，还可以加强对新型风控方式的支持力度，尝试风控技术的利用和推广，运用互联网技术和先进风控理念，整合、健全和创新风险管理系统，以满足互联网金融形势下新的风险控制需求。

（三）金融产品创新

中小银行金融产品创新包括产品类型创新、产品技术创新以及产品服务创新。

在产品类型创新方面，主要是开发设计多种金融产品以满足客户不同的金融需求。中小银行可以借鉴互联网金融企业的经验，开发特色金融产品。例如，开发多种类型的金融理财产品应对不同收入群体、不同资金规模的个人客户，让客户根据自己的资金数量、资金用途以及风险偏好选择符合实际需求的理财产品。

在产品技术创新方面，主要进行支付方式的创新。中小银行可以以互联网金融的移动支付为参考，集合多重功能于一卡，打造一卡多用的智能银行卡，还可以开发虚拟信用卡等产品，通过创新支付方式为客户带来便利的支付体验。这有利于中小银行在支付领域打造属于自己的支付特色，使其自身成为金融服务的入口。

在产品服务创新方面，主要在于提升客户的服务体验。中小银行传统的物理网点服务模式相差无几，很难实现差异化竞争，如今借助各种智能先进技术，可以打造智能网点，结合线上服务形成直销银行与移动银行并行的全方位金融服务体系。线下网点的智能化转型可以通过引入智能设备来实现，如自助柜员机等。此外，中小银行还可以使用智能机器人提供咨询服务。从服务环境来说，部分银行已经引入咖啡店形式的服务氛围，提高客户在等待时间的体验。除了为客户提供标准化的金融服务之外，中小银行工作人员必须深入了解本行的金融产品，能够清楚简明地为客户讲解，不要让客户一知半解，失去对金融产品的选择兴趣。未来的金融服务是以客户需求、产品、场景相互融合的整体服务，中小银行应该把握这一方向进行金融创新，这样才能事半功倍。

（四）人才机制建设

中小银行金融创新需要建立健全的人才机制。中小银行的所有金融创新活动的开展都依赖金融人才的支持，因此创新人才的吸纳、培养和管理是至关重要的。

在创新人才吸纳方面，中小银行可以用相对丰厚的报酬和相关福利吸引专业的金融人才加入，为银行金融创新活动注入新的活力。

在创新人才培养方面，中小银行已有的人员体系中不乏具有创新意识和能力的相关人才，要注重对员工创新积极性的培养和调动，定期安排员工培训，为员工提供转型需要的知识和条件，建立透明化、多样化的创新激励机制。

在创新人才管理方面，要进行创新人才梯队建设，保障人员的稳定性和持续性。中小银行的金融创新活动不是一蹴而就的，是一个长期的发展过程，需要源源不断的创新人才的支持，所以中小企业需要未雨绸缪，进行人才梯队建设，加强人才储备，为金融创新活动保驾护航。

第三章 互联网金融时代下中小银行金融销售渠道创新

互联网金融时代下,中小银行的销售渠道一般分为两类,一类是线下销售渠道,另一类是线上销售渠道。目前,银行业务依然以线下营业网点销售为主,而线上的销售渠道仅在网上银行、移动银行领域实践较多,线下和线上销售渠道相对单一,难以支撑中小银行在日趋激烈的市场竞争中保持市场份额并实现长远发展。本章内容主要研究互联网金融时代下中小银行金融销售渠道的创新方向、开拓路径以及渠道客户维护,重点对中小银行现有金融渠道转型升级、新渠道开拓等方面进行详细的阐述,是中小银行金融创新的重要内容。

第一节 中小银行金融销售渠道创新方向

一、销售渠道相关概述

(一)银行销售渠道的定义、种类及特点

1.银行销售渠道的定义

银行销售渠道,是指向终端客户提供金融产品和服务的路径,即银行把金融产品和服务的价值传递到最终客户的整个过程载体。

2.银行现有销售渠道的种类及特点

目前,我国商业银行的销售渠道主要有两种:线下销售渠道和线上销售渠道。

线下销售渠道主要是网点销售,包括营业网点销售渠道和自助网点销售渠道。营业网点销售渠道主要是银行柜员、销售人员采取面对面的形式为客户提供销售服务,这种直接沟通的方式让客户可以对银行的金融产品类型、收益和风险有清楚的认识,能够最大限度地获取客户的信任,但是营业网点销售渠道的建设成本是所有销售渠道中最高的,没办法实现大批量建设。自助网点销售渠道是指建立银行自助网点,客户通过自助柜员机、POS机等自助服务机器和终端设备享受金融服务。该渠道可以实现24小时为客户提供金融服务,打破了面对面销售的时间限制,但是自助网点因包含众多自助机器

设备，建设成本也相对较高。

线上销售渠道即电子渠道，包括网上银行、电话银行、移动银行等，通过互联网进行金融产品销售，开展金融业务服务。线上销售渠道不仅打破了金融销售的时间限制，还打破了金融销售的地域限制，具有销售成本低、沟通效率高的特点，可以在短时间内服务更多的客户，迎合了客户办理需求，减少了客户等待的时间。但是电子支付一般以电子指令形式发出，具有虚拟性，带来了相应的风险性，使客户没有足够的安全感，导致该类渠道不如线下渠道更能获取客户信任。

（二）银行销售渠道建设理论基础

1. 营销渠道理论

在市场营销体系中，渠道战略是一个非常关键的环节，对于降低企业成本、提升竞争力具有重要意义。企业营销渠道的选择对整个销售决策具有直接影响。在互联网金融时代，传统的销售渠道已经无法满足新的需求。

营销渠道理论已经经历了半个多世纪的演进。1950年，美国营销专家尼尔·鲍顿（Neil Borden）在美国市场营销学会的就职演说上提出了市场营销组合策略的概念，包括产品计划、定价、厂牌、供销路线、人员销售、广告、促销、包装、陈列、扶持、实体分配和市场调研这十二个因素，旨在对企业营销实践提供指导。20世纪60年代，美国营销学家杰罗姆·麦卡锡（Jerome McCarthy）在其《基础营销》一书中提出了由产品、价格、销售渠道、促销组合成的4P营销策略。渠道策略成为企业市场竞争的关键要素。1990年，美国学者罗伯特·劳特朋（Robert Lauterborn）在其发表的《4P退休4C登场》文章中提出了与传统营销的4P相对应的4C营销理论。4C包括顾客、成本、便利、沟通，瞄准消费者的需求和期望。具体而言，所有的营销要素都是为了服务顾客，因而营销要素的整合至关重要，各要素之间要形成一个统一的整体。这一理论在渠道策略方面更多地强调便利性，具体指为消费者提供尽可能方便的容易获取的消费通道。进入21世纪后，营销渠道重点逐渐转向关系营销。在渠道战略中，强调以客户为导向，建立客户数据库来进行市场推广，注重与客户建立长期、稳定、密切的关系，以提高客户对品牌的忠诚度和黏性，减少客户流失。维持一位老顾客所需的费用仅为发展一位新顾客的两成，而一个满意的老顾客往往会带来更多的新顾客。因此，口碑营销就成为行之有效的宣传方式之一。

2. 现代商业银行营销观念

现代商业银行营销已经改变了传统金融的业务架构，进入了以客户为中心的销售阶段。互联网金融时代，商业银行营销更注重数据库的建立，对客户信息进行实时收集更新，充分加强与客户的沟通交流，利用科学的关系营销管理来维护客源，通过整合销售渠道为客户提供便捷高效的全方位金融服务，在满足客户需求的前提下实现商业银行的利益。

周千驰认为，我国城市商业银行在确立发展战略时必须结合自身实际和所处地区经济特点找准市场定位，重点关注客户差别和区域差异，实施区域化发展战略、差异化发展战略和特色科技创新战略。[1] 杜征征认为，电子金融产品的出现证明了商业银行在与互联网融合过程中已经将传播渠道从传统媒体转向互联网媒体，建议商业银行应该整合营销渠道，改善营销体系。[2] 逄渤在案例研究的基础上分析了银行在数字金融时代网络营销的宣传和服务效果，得出了网络营销充分可取的结论。[3] 高蕾认为，银行网点营销是商业银行经营管理的重要内容。商业银行经营网点是现代商业银行基本的经营单位，也是商业银行开展银行业务的前沿阵地，其营销水平与能力在很大程度上影响了总体经营绩效。[4]

可以看出，国内对商业银行营销策略的研究有部分相似之处，一是强调了整合营销渠道、完善营销体系的重要性，二是确定了线上营销渠道的地位。商业银行营销渠道的开拓需要充分借助互联网的支持作用。

3. 新网点主义

美国思科公司在2002年提出了新网点主义理念。在该理念下，随着互联网的发展，新的交易方式和渠道不断涌现，对传统银行的业务造成了一定的

---

[1] 周千驰.我国城市商业银行发展战略研究[J].武汉金融，2010（12）：38—39.
[2] 杜征征.互联网金融营销的兴起与发展[J].银行家，2012（11）：17—20.
[3] 逄渤.互联网金融与金融发展的互联网时代：浅析互联网时代的金融变革浪潮[J].国际商务财会，2013（10）：63—65.
[4] 高蕾.商业银行营业网点营销存在的问题及策略分析[J].中国市场，2014（52）：16—17.

影响。为了解决商业银行在实施多渠道策略过程中的问题，新网点主义理念应运而生，从技术和服务两个方面制定出了一整套有效解决方案。新网点主义的核心在于银行业应该从传统一对一人工服务模式转变为多渠道整合服务，根据不同客户需求提供个性化服务，提高服务效率和客户满意度，促进银行网点实现现代化转型。

我国对于新网点主义理念也进行了相关研究。陈华认为，银行网点转型必须以客户为中心，以提高核心竞争力为目标，以提高价值创造能力为基本要求，以提升服务水平为着力点，以加强产品营销为重点内容。[①] 毛磊、王玲玲认为，新网点主义强调网点功能分区和视觉形象，以为客户提供便捷、舒适的体验为目标。[②]

基于新网点主义思想，银行网点从结构扁平化、职能重新定位、业务分区与布局调整、业务流程重构、人力资源配置变化、综合业务系统改造等诸多方面再造营业网点。但是，银行无论是通过何种方式进行网点转型，都绕不开以客户为核心。结合已有研究可以看到，新型银行网点需要具备以下功能。

一是具备基础业务功能。银行网点首先必须满足客户办理日常业务的需求。银行网点与线下营业网点的不同之处在于利用大量自助服务设备代替传统人工服务，如自动柜员机设备等，利用更低成本的销售渠道为客户提供服务，如电话银行、网上银行等。

二是具备高端服务功能。银行业务除了日常的支付、结算等基础业务，还有理财咨询等高端业务，因此新型网点必须能够为客户提供高端业务咨询，如理财规划等服务。

三是具备智能化、舒适整洁的环境。新型网点要能为去银行网点办理业务的客户提供一个令人满意的环境，吸引潜在客户，提高客户服务体验。

四是重塑银行金融形象，拓宽银行的销售渠道，赢得客户信任。银行品牌形象和专业度的提高，有利于金融业务的推销。

---

① 陈华. 基于新网点主义的商业银行网点转型思考[J]. 金融理论与实践，2012（2）：38—40.
② 毛磊，王玲玲. 银行3.0背景下物理渠道转型与效能提升[J]. 银行家，2017（1）：56—59.

二、中小银行现有金融销售渠道分析

（一）中小银行线下金融销售渠道分析

中小银行的金融产品线下销售目前主要依靠营业网点自行销售，销售能力存在自身独有的特点。

1. 自主营销，独立运作

中小银行在金融产品线下销售中的主要策略是利用自身营业网点进行自主销售。在这种模式下，银行有全权决定其产品的销售策略、定价、推广和分销方式，确保了商业决策的高效率和灵活性。自主营销不仅可以根据银行的实际业务状况和客户需求定制策略，也有利于维护和加强银行的品牌形象，增加客户对银行的认同感和信任感。

此外，独立运作能减少多方协调和资源分配的复杂性，提高运营效率。银行不需要与其他金融机构进行复杂的协调和谈判，可以更快速地对市场变化做出反应，灵活调整产品和服务以适应市场需求。当然，这并不意味着银行应该完全放弃与其他金融机构的合作，而是需要根据实际情况灵活选择合作方式和程度。尤其是在今天，中小银行可以参照并学习其他银行的经验，探索与其他金融机构进行协作的可能性，从而丰富和扩展自身的分销渠道。

2. 独特定位，客户亲和力强

中小银行依靠营业网点进行金融产品线下销售，虽然不如互联网金融便捷，但这也代表着他们有更多的机会为客户提供亲密、高效和个性化的服务体验。专注于营业网点，银行能够对其销售策略有更高的控制度，并有能力提供更精准的产品和服务，满足特定客户群体的需求。同时，面对面的交互还为银行提供了一个理解客户需求并建立长期关系的良好机会。这种个人化的关系建设是互联网平台难以复制的。

对比大型商业银行，中小银行的客户服务通常更为亲切和个性化。相较于大型银行的标准化服务，中小银行更能为客户提供个性化的服务，满足客户的特殊需求。这种个性化的服务能够更好地满足客户的需求，增强客户的满意度和忠诚度。

3. 银行网点的部分职能逐渐被互联网金融替代

因为中小银行的主要客户与互联网金融客户覆盖面重复性高，互联网金融因其在资金融通方面的直接性带来交易的便捷性，更容易受到客户的青睐。传统银行网点的中介功能逐渐被替代。

互联网金融的发展已在很大程度上改变了金融行业的格局，尤其是在银行业务领域。互联网金融通过提供更高效、更便捷的服务，已经开始占据更多金融市场份额。无论是开户、转账，还是购买金融产品，互联网金融都可以提供 24 小时的服务，无须客户亲自去银行网点。而且，互联网金融通过大数据、人工智能等技术，也可以提供相对个性化的服务。

在这样的背景下，中小银行的线下金融销售渠道面临调整和优化课题。一方面，中小银行需要进一步提升网点服务质量，突出其专业服务和个性化服务的优势；另一方面，中小银行也需要加强自己的互联网金融服务能力，与互联网金融公司进行竞争。

(二) 中小银行线上金融销售渠道分析

随着科技的发展和互联网的普及，中小银行开始逐渐认识到线上销售渠道的重要性，并在此方面做出了大量的努力和尝试。这种转变在很大程度上体现在网上银行、移动银行以及电话销售这三个主要渠道上。

首先，中小银行正在积极地提升和优化网上银行的服务质量。网上银行是银行业务向线上发展的一个重要方向，它为客户提供了一种新的、便捷的银行服务方式。中小银行通过网上银行渠道，提供了各种各样的金融服务，包括存款、转账、贷款以及金融产品的购买等。这种便捷性大大提高了客户的服务体验，同时提高了中小银行的市场竞争力。而在安全性方面，虽然网络环境的复杂性给网上银行带来了一些挑战，但是中小银行正在通过不断引进先进的安全技术，如 U 盾、验证码等，以提升其服务的安全性，尽可能降低网络风险。

其次，移动银行已经成为中小银行线上销售的一个重要渠道。在移动互联网的大潮下，手机、平板电脑等移动设备已经渗透人们的日常生活。中小银行紧跟这一趋势，提供了移动银行服务，使客户可以随时随地通过手机或平板电脑进行银行业务操作，从而大大提高了服务的便捷性。为了保障客户的信息安全，中小银行也在移动银行的安全性上投入了大量的资源，提供了严密的数据保护和防护措施。

最后，电话销售也是中小银行线上销售的重要渠道之一。电话销售的优势在于它可以跨越空间的限制，直接与客户进行沟通，从而提供更为个性化的服务。中小银行通过电话销售，可以更好地理解和把握客户的需求，为客户提供更为精准的金融产品和服务。同时，电话销售也为中小银行提供了一个了解市场和收集客户信息的重要途径，有利于中小银行做出更为精确的市场决策。

尽管中小银行在网上银行、移动银行和电话销售等线上销售渠道上取得了一些进展，但是其仍然在不断地探索和创新，以适应不断变化的市场环境。它们正在努力将线上销售渠道与传统的线下销售渠道相结合，形成一种线上线下相互融合的新型销售模式。这种模式不仅能够提供更为高效、便捷的服务，同时能够更好地满足不同客户的需求。

（三）中小银行现有金融销售渠道应用分析

在新的经济环境下，中小银行在金融销售渠道的应用中也呈现出一种与众不同的态势。

1.促销模式分析

中小银行在促销模式上表现出独特的策略和手段。与大型银行相比，中小银行的客户群体更加偏向于具有特殊需求的个体客户，如小微企业和自由职业者。在这种情况下，中小银行主动转变销售策略，注重通过关系销售、广告销售、推广销售等方式进行产品宣传和销售，利用客户经理的人脉关系发展客户群体，并通过与客户的面对面交流，了解客户的需求，为他们提供符合其需求的金融产品。中小银行正是依靠这种灵活的销售模式，提供客户化的服务，让自己在激烈的金融市场竞争中立足。无论是关系销售、广告销售、推广销售，还是全新的线上线下融合的销售模式，中小银行都在不断尝试，力求提供优质的服务，满足广大客户的需求。

（1）关系销售。中小银行的客户经理制度有利于建立与客户之间的信任和理解，使得销售过程更加具有针对性。虽然这种方法可能会受制于客户经理的专业能力和人际网络，但是在提升客户服务质量和满意度上，关系销售已经证明了其效果。

（2）广告销售。中小银行通过广告在电视、报纸和杂志等媒体上进行宣传，确实能够提高中小银行的知名度并推动销售。然而，这种方式有可能过于依赖广告的吸引力，而忽视了与客户之间的直接交流和反馈。因此，广告销售需要与其他销售方式相结合，以最大化其效益。

（3）推广销售。中小银行通过举办各种促销活动吸引了一部分新客户，同时增加了与现有客户的互动。这种方式可能会在短期内增加销售量，后续如何将这些新客户转化为长期客户，是中小银行需要深思的问题。

（4）线上线下融合的销售模式。中小银行已经开始了线上线下融合的尝试，通过网上银行、手机银行等线上服务渠道与线下实体网点的结合，实现了服务的无缝对接。这种模式的应用，既满足了客户的便捷性需求，又保留了人性化的服务体验。未来，如何平衡线上和线下服务的资源分配，是需要考虑的一大挑战。

2.金融产品的销售透明度在逐步提升

金融产品销售是中小银行发展的重要部分。在众多金融产品中，理财产品以其收益吸引了广大投资者。这些理财产品的收益通常是浮动的，而非固定的，这为投资者提供了较大的赚取收益的可能性。

中国人对银行有着深厚的信任基础，许多人相信银行发售的理财产品具有可靠的保障。这种信任源于银行的良好运营历史，违约或亏损的情况少见。因此，投资者在购买理财产品时，对承担的风险有一种淡薄的认识。不过，这并不意味着投资者对产品的风险完全不顾。许多中小银行在销售过程中，除了强调可能获得的高收益外，也很注重风险提示。他们在销售过程中透明公开，尽量确保客户能全面了解产品的潜在风险和收益，从而做出明智的决策。

实际上，正是由于银行对风险提示的重视，许多客户才能够根据自身的风险承受能力和收益期望，选择适合自己的产品。也正因如此，虽然有些产品的收益率可能较高，但是只有当客户充分理解并接受其风险后，才会选择购买。

从这个角度来看，中小银行在不断努力提高金融产品销售的透明度，并为此制定了一系列的操作规程和标准，以确保销售过程的公正公开。同时，中小银行还通过各种渠道，如官方网站、微信公众号、宣传册等，提供详尽的产品信息，以帮助客户更好地理解产品。

3.专业销售人员队伍正在建立，零售业务发展缓中有增

银行业一直以来都在采取资产驱动负债的发展模式，这一模式不仅有助于储蓄量的增加，还可以在规模效应下获取更高的利润。随着时代的发展，个人零售业务也逐渐成为银行业务的重要组成部分。尽管这种业务的投资较大，见效时间相对较长，但其潜力巨大，逐步受到银行业的重视。特别是对于中小银行来说，他们的主要客户大多是小微企业和个人，因此对零售业务的重视显得尤为重要。

中小银行一直致力于在零售业务市场的建设上进行投资。这种投资并不仅仅体现在金钱上，更体现在人力资源的开发上。在银行业务的多个环节中，金融理财师和零售业务的客户经理的作用尤为重要。他们是为客户提供专业服务的重要角色，能对客户的财务状况进行准确的分析和评估，为客户制定出合适的理财计划。

为了保障金融从业人员的专业素质，维护市场秩序，我国建立了自律性、非营利、非政府的专业资格认证机构。这些机构负责对达到一定专业水平和道德水准的金融理财人员进行认证管理，以提高行业的公信力。在这样的环境下，中小银行也在努力提升自身员工的专业素质，为客户提供更好的服务。

随着我国居民收入的提高和财富的积累，人们对财富管理、保险规划、子女教育、养老保障等方面的金融需求也日益高涨。为了满足这些需求，金融理财师需要针对不同的客户，制定出不同的投资组合，并提供多样化、个性化的理财服务。在这个过程中，中小银行已经形成了一支专业的销售队伍，他们能够为客户提供高质量的服务。

个人客户经理就是中小银行业务的重要组成部分。他们能帮助银行更好地推广金融产品，并与客户建立长期稳定的合作关系。虽然与大型国有银行相比，中小银行的员工数量可能较少，但他们通过精细化管理和高效的服务，还是能够满足零售业务的需求。目前，中小银行在个人零售业务发展方

面已经取得了一定的进展,通过培养专业的销售队伍,不断提高自身服务质量,以满足客户的金融需求。

三、中小银行金融销售渠道创新具体方向

(一)中小银行线下金融销售渠道创新方向

中小银行线下金融销售渠道创新主要是针对线下营业网点进行转型升级并积极开拓其他线下销售渠道,如银行展销会等形式。在对线下营业网点进行转型升级时,要以客户需求为核心,从网点布局、功能、业务流程以及运营管理四个方面入手,如图3-1所示。

优化网点布局
地理位置布局
战略定位布局

简化网点运营管理
提升运营效率
降低运营成本

丰富网点功能
自助设备
社交功能
环境设计

重塑网点业务流程
优化流程
建立标准、有序业务流程

图3-1 中小银行网点转型方向

1. 优化网点布局

中小银行需要突破传统单一的实体渠道构建模式,根据经营环境、客户结构和服务模式的不同,采用科学、合理的规划和方法,构建包括营业网点、自助银行、智能自助设备等多维度、立体化的实体渠道体系。以旗舰网点为中心,周边环绕分布若干标准网点、非标准网点和设施设备,形成卫星式布局,实现各渠道之间的功能互补、效能倍增。旗舰网点一般设在中心城区,以大型企业机构客户、中高端个人客户为主,品牌效应好,销售能力强,服务质量好,体现了银行整体的实力,是周边网点渠道的标杆。标准网点是标准化建设的网点,配以常规的业务、人员和内部职能划分,为中小型企业和个人客户提供标准化的金融业务。非标准网点在业务种类、服务模式、服务场景等方面与标准网点有着很大的差异,一般根据实际情况,采用个性化方

式进行建设。业务非标准网点通常具有特色服务定位，如小微企业业务特色网点、惠农特色网点等。功能非标准网点强调便捷性、覆盖能力等特点，如轻型网点、村口银行等。场景非标准网点将金融服务与第三方服务场景进行整合，如咖啡银行、流动网点等。

2.丰富网点功能

中小银行网点转型需要丰富网点功能，在原有基础上增加一些智能元素，在网点渠道的产品展示、业务办理、互动交流、售前售后服务等各业务节点中加入相应的科学技术手段。例如，配备若干台智能机器人、增设多媒体互动体验墙等互动装置，与数字化社会接轨，提高客户的沟通兴趣，提升沟通便利性，挖掘客户的潜在需求；安装人脸识别、指纹识别或虹膜识别等生物识别技术，改善账号管理和交易认证方式，提高处理效率的同时降低安全风险；利用大数据支持销售服务工作，通过内外部数据挖掘分析客户行为，提高服务的适用性和销售的有效性；增加社交功能，将市场营销与客户的社交活动紧密结合，围绕客户健康、出行、娱乐、文化生活等各个层面组织形式多样的金融社交活动，增加与客户有效接触频次，建立稳定持久的客户关系，增强客户的体验感。网点环境设计也可以增加社交元素，将传统封闭、沉闷的空间格局转变为舒适、时尚的开放式设计，方便与客户的日常沟通和商业谈判。

3.重塑网点业务流程

中小银行要根据线下金融销售渠道的功能、布局和运营状况，以客户需求为导向，重塑业务流程，去除多余的环节，以便更好地进行客户服务、业务创新、风险管理，提高对客户的服务质量。

在横向业务流程方面，理顺销售服务中各个职能部门的责任，并对工作流程进行优化，有效识别客户，进行产品交叉销售，进行售后信息采集与整理，为客户提供专业、便捷、顺畅的销售服务。在纵向业务流程方面，将各产品的服务流程步骤标准化，根据客户渠道的区别对流程进行重构，在销售活动标准、有序的基础上对客户的个性需求也能迅速响应，为客户提供多渠道、全方位、多功能的服务。

4.简化网点运营管理

中小银行线下金融渠道创新需要裁撤低效渠道。中小银行利用大数据对营业网点和自助银行进行科学选址，对网点周边市场环境、客户变化等进行动态监测，实时掌握渠道的产出和效率；建立渠道退出机制，对低产低效渠道采取关、停、并、转、迁等方式进行调整，打造集约高效的线下销售渠道体系。

中小银行线下金融渠道创新需要利用智能设备取代人员配置，减少柜台及交易核算人员。随着自助设备的普及和线上销售渠道的日益完善，很多的交易和销售工作都被转移到了智能设备或线上渠道，所以中小银行需要简化实体的柜台，相应地，交易核算人员也会随之减少，从柜台服务人员转型为销售服务人员，充实销售队伍的力量。

中小银行线下金融渠道创新需要减少重复操作性工作。中小银行可以建立后台业务中心处理系统，将所有能够处理的事务集中起来，建立"大后台、小前台"的业务处理方式，减少前台的操作复杂程度，减轻前台工作量，增强智能自助服务能力，实现打印、复印、登记、授权等工作的电子化、自动化处理，使前台工作人员摆脱繁重的手工操作，全力开展销售服务工作。

（二）中小银行线上金融销售渠道创新方向

中小银行线上金融销售渠道是新兴的市场渠道，已经进入了快速发展阶段。中小银行为了提高自身的竞争力和盈利能力，其线上金融销售渠道创新必须把握好下列要点。

1.确保线上渠道的安全性

对于线上金融销售渠道来说，客户最担心的事情就是其安全性。为使客户资金和信息安全得到保障，中小银行在线上渠道设计中应该围绕以下三个重点：一是加强科技保障。例如，升级支付密码，指纹支付、SMS 认证、U盾技术的多重加密，使用二维码支付等。二是教育宣传和培养客户在线上渠道交易中的安全意识。例如，在网上银行登录网页上醒目的地方，提示客户目前的上网环境是否安全。在客户网购时，请客户使用 U 盾，避免使用普通的网上银行登录口令。另外，在中小银行的网站页面的显著位置开设网银安全操作专区，对网上支付的步骤、网络支付环境的安全检测、网络钓鱼网站的识别、支付过程中的安全问题等进行详尽的指示和说明。三是实时监控线上渠道的大额业务，特别是非正常的特殊交易，及时确认并预警，确保客户的资金安全。

2.优化线上渠道操作设计

银行线上金融渠道主要由客户进行自主操作，客户的使用感受直接影响其发展。目前的一个共性问题是，各家银行的线上渠道操作系统设计过于复杂，客户花在研究使用方法上的精力过多，难以迅速理解和查找其功能。因此，中小银行在设计前，要注重前期对客户网络行为的调研，适当增加线上渠道的操作演示功能，设计简单、友好的线上渠道操作过程，并安排专属的客户经理，对客户进行指导。此外，中小银行还可以在营业网点开设单独的引导区域，并派专人指导客户进行在线操作，解决客户在线上渠道操作中遇到的难题。

3.锁定目标客户

线上渠道的使用者大多来自国内互联网使用者。中国互联网络信息中心（CNNIC）在最新发布的第51次《中国互联网络发展状况统计报告》中表明，截至2022年12月，我国网民规模达10.67亿，其中以30～39岁的人群占比最大，如图3-2所示。我国的中小银行要充分把握这一客户群体的需要，销售适合其特点的在线金融产品。比如，网上购买基金或理财产品的客户，累计消费达到一定额度，就可以享受手续费减免优惠，还可以实施积分和话费奖励，对于首次使用线上渠道的客户，免费获赠一年的短信提醒服务，以及免收银行U盾的购置费用等。这些活动会对线上渠道用户有很大的拉动作用。

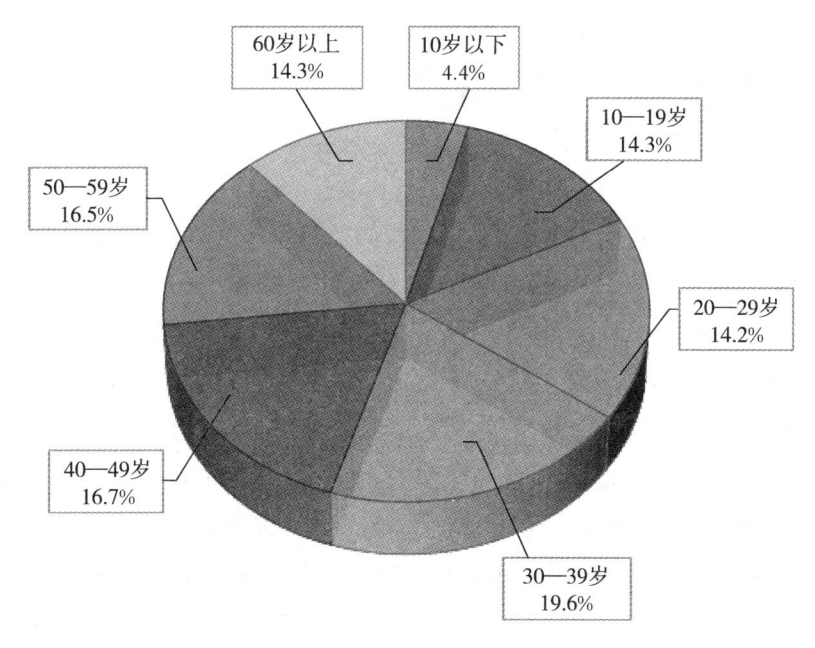

图 3-2　2022 年网民年龄结构

（三）中小银行金融销售渠道整合创新方向

基于线下渠道的全方位转型，进一步优化经营机制，以多渠道整合协同为方向，线上线下联动开展综合金融服务，提升客户体验。

1. 明确渠道分工

中小银行要清晰自身金融产品的差异性特征，合理规划和定位线下和线上营销推广的目标市场和目标客户，提升渠道服务精准度。中小银行可以将线下网点渠道定位为处理复杂、风险性高的业务，如理财服务、对公业务等。这些业务如果仅仅在线上开展，很难让客户完全了解其中的风险，因此需要在线下渠道配置专业的引导人员提供详细的产品业务咨询服务和引导服务。中小银行可以将线上销售渠道定位为处理重复、简单的业务。线上渠道可以满足客户不同时间的业务需求。

客户的社会阶层、文化背景、消费心理等差异，引发了不同的金融服务需求。因此，只有给不同类型的营销渠道明确好定位，设计合理有用的功能，才能满足不同阶层客户的要求。中小银行明确线下和线上的渠道分工，可以将业务进行分流，使得客户在线下渠道一次性完成开户、签约、下载线上客户端，引导客户学会操作并实际体验线上渠道的便利，做好服务的回访与跟进，提升整体金融服务效率。

2. 业务转移引导客户分流

中小银行要做好线上渠道的充分开发，将部分业务转入线上渠道，特别是那些交易简单、附加值低、无须在网点进行的交易。一是基础的银行服务，如账户查询、转账、信用卡支付等；二是生活服务，包括代缴煤气费、水费、电费、固定电话和手机费用等；三是小额金融投资，包括买卖基金、股票、债券、外汇、贵金属、纪念币等。这三类业务办理重复性高、时间长，不利于银行服务效率的提高。因此，中小银行把这些业务转入线上渠道，可以缩短客户在网点等候的时间，缓解客户情绪，提升客户体验，同时可以减少网点资源的占用，真正地将银行业务渠道进行整合，从而降低银行的运营成本。

3. 线下线上产品同步更新

当推出新的金融产品和服务时，中小银行要注重线下和线上渠道的同步更新，在两个频道同时进行销售和售后服务。通过这种方式，中小银行可以整合销售渠道，发挥协同效应，使客户无论在线下渠道还是在线上渠道，都能第一时间体验到最新的金融产品的服务，给客户提供多种渠道选择和服务工具，提高客户业务办理的便利性。

第二节　中小银行金融新型销售渠道开拓

中小银行新型金融销售渠道开拓可以针对已有线下网点渠道和线上网上银行、手机银行等银行自身渠道进行创新升级，并积极展开外部合作，开拓新型销售渠道，促进销售渠道多元化发展，实现多渠道整合，协同联动，共同促进中小银行竞争力的提高。

一、中小银行线下金融销售渠道开拓

（一）中小银行营业网点销售渠道转型升级

中小银行已有营业网点销售渠道要基于新网点主义理念进行转型。新网点主义的核心在于银行业应该从传统一对一人工服务模式转变为多渠道整合服务，根据不同客户需求提供个性化服务，提高服务效率和客户满意度。促进银行网点实现现代化转型，具体可以从六个方面展开，分别是优化网点位置布局、提高网点服务效率、美化网点营业环境、改进客户服务流程、集成网点功能以及试点新型网点建设，如图 3-3 所示。

优化网点位置布局
剖析改进现有网点，借助城市化布局乡镇渠道

提高网点服务效率
通过搬迁、转型等方式改造低效网点

美化网点营业环境
环境整洁舒适、设备正常运转。配置智能设备，柜台设计标准统一、加强员工服务培训

中小银行网点转型升级

改进客户服务流程
业务办理、销售过程、售后服务、投诉管理四部分流程改进

集成网点功能
个性化产品、社交功能、生活服务

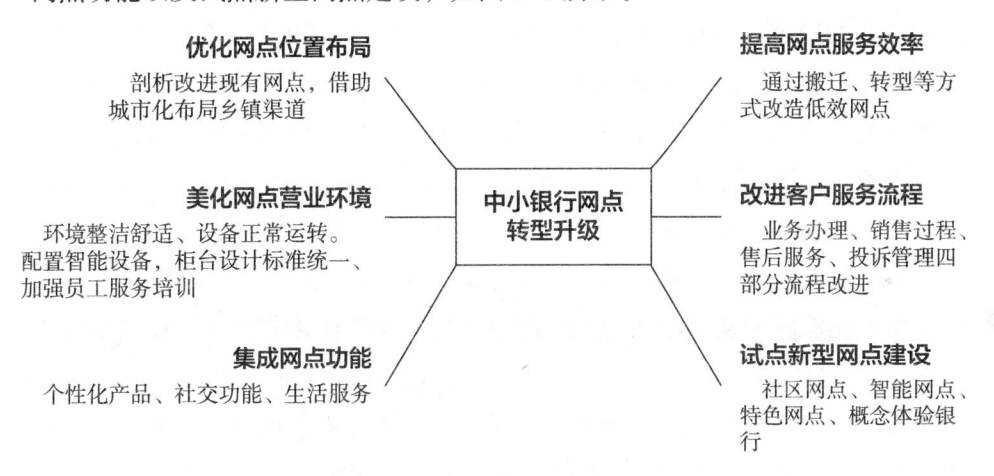

试点新型网点建设
社区网点、智能网点、特色网点、概念体验银行

图 3-3 中小银行网点转型升级

1. 优化网点位置布局

在激烈的市场环境下，中小银行必须统筹规划，从全局出发，以客户为本，进行科学规划，根据当前的市场情况和地理位置，灵活地对银行网点进行布局上的调整，准确地规划清晰的市场定位，为每个网点制定个性化的营销方案，使网点明确主要目标客户群体，以便更好地开展销售工作。中小银行对各营业网点功能重新定位要做好以下三个方面：首先，中小银行要做好对市场的全面剖析和对行业现状的调查，以防止周围同行相互间的过度竞争；其次，中小银行要对营业网点布局进行适当的规划，尤其是对新建小区和新兴市场要适时地进行跟踪，以保证市场的主动权；最后，对效率低下的网点

要有敏锐的洞察力,并进行剖析,找出问题的根源,提出下一阶段的改善对策。无论是合并还是重组,都要统筹考虑,综合平衡。在确保网点数目保持在一个较高水平的前提下,中小银行需要统一规划,确定整体发展的重点和发展的方向,防止网点扎堆,造成资源的浪费。同时,不同类型的银行机构应该在不同程度上保持协调、同步发展,避免金融服务出现真空地带,为地方的实体经济发展提供多层面、多维度的金融支持。

另外,随着城市化进程的加快,中小银行个人业务迎来新的发展契机与成长空间。城市化的首要任务是"人"的城市化。人口逐渐聚集,相应地,产生地区性金融需求汇聚,形成一个较大的金融需求市场,这是中小银行发挥的广阔天地。随着我国城市化进程的加快,中小银行要不断地加强乡镇农村地区金融渠道的建设,提供先进的一站式金融规划服务,做大金融市场。在一些比较富裕的县城设立分支机构,一方面可以支撑农村地区的发展,推动农村的工业化,拓展企业的经营范围;另一方面,可以加强对农村的居民客户服务的延伸,发展大批优质的个人客户。

2.提高网点服务效率

中小银行提高网点效率还需要改造低效网点,这样做不仅降低了网点经营成本,还能减少资源消耗,同时能够优化人才结构化分工,释放更多人力资源,充实到销售队伍中。中小银行可以借鉴大型商业银行的网点转型经验,将已有营业网点按照网点效能划分等级以更好地分析网点服务能效,处于末级的低效网点就会成为银行重点进行改造的目标对象。

改造低效网点主要有以下两种方式:一是将网点搬离,搬迁到客户资源相对优质的地区,可以提高业务质量,实现网点增收,同时原网点也可以开拓新的优质客户资源,开发新的销售模式,提升竞争力;二是将原网点进行转型,即将网点转换为自助银行或者社区银行,匹配网点所在地区的客群需求,提高资源配置效率,规避由于拆除和改建所带来的成本,在保证原有客户不流失、满足客户基本业务需求的基础上,通过改造优化网点人力资源的配置,吸引更多优秀的复合型金融人才加入中小银行网点战略转型当中,为网点降本增效。

无论是将原网点搬离,还是转型,都需要做好充分的前期市场调研,考察周边市场情况、客户资源分布情况和同行竞争情况，选择新兴社区、商业区等重点区域，通过各种途径充分发掘客户资源，加速市场布局。新建网点主要布置在城市规划重点、新建城区、政府建设规划布局的重点区域等，同时对原有客户不断搬离、客户流量逐步下降的老城区网点进行合理优化，合理分配资源，改善资源配置效率。

3. 美化网点营业环境

金融产品是虚拟产品，需要银行向客户提供更多的实体展示，使客户对金融产品有直观的了解，相对更好接纳，也更容易达成购买意向。因此，中小银行在网点转型升级时要注重以下五个方面：一是在网点大厅环境的布置上，一定要保持大厅的整洁，合理装饰，为客户营造温馨舒适的环境，使客户更好地享受银行的金融服务；二是要确保网点无线的畅通，大厅显示屏要保持正常播放，利率牌要及时更新，相关金融政策宣传视频实时更换，高级网点要确保智能设备的正常运转；三是保证高级终端设备的数量配置，如ATM机、CRS机、排号机等；四是柜台设计方面要保持标准统一，可以采取符合人体工程学的高低柜方法保证客户办理业务的舒适度，拉近与客户的距离；五是加强员工培训，尽力保证所有柜台职员都具有认真严谨的工作态度，有礼接待，专业精通，为客户提供优质服务。

4. 改进客户服务流程

在服务业占比越来越高的当下，银行服务体验竞争的差异主要体现在客户服务的流程差异。因此，建立符合客户需要的标准化运作流程十分必要。在对客户服务的过程中，中小银行要将服务与销售相融合，以提升客户的服务体验，促进产品的交叉销售。具体优化体现在以下四个方面。

第一，基于客户需求进行深度了解，对大堂引导、销售填单、柜台交易、事后监管等环节进行再设计与改进，掌握客户信息并实时跟进，确保客户信息的完整性，提升客户的销售成功率。第二，中小银行还需对金融商品的销售过程进行重新规划，按照预估的客户人数配置人员，统一进行风险评估分析和跨部门的业务交叉培训，并安排充足的内部市场销售队伍，强化大厅内的交叉销售力度。第三，对个人贷款客户的售后服务进行重新整理，包括通知服务、提前还款、调整还款计划、查找贷款资料等，对客户进行分级管理，建立专属"一对一"服务，通过与客户的面对面接触，达到交叉推销的目的。第四，健全客户投诉管理程序，建立从客户服务总监到理财经理，再到支行经理甚至支行行长的投诉处理路线，并将客户的投诉记录记入档案保存，通过周会讨论、工作评价等方式，进一步化投诉为销售机遇。

5. 集成网点功能

中小银行要针对网点信息资源丰富多样的特性，全面整理、分析、挖掘网点经营服务过程中产生的数据信息，并采用线上和线下联动的方式向客户呈现大数据结果，使网点成为一个商业服务数据交互中心。银行应充分参考利用这些数据来辅助实现业绩增长，使网点成为能够满足客户多元化金融和生活需求的新选择。

网点功能优化的重点是进行产品服务在设计上的重新打造，制定个性化的服务方案，提高金融服务水准，积极利用品牌效应，提高网点的核心竞争力。要想提升核心竞争力，销售渠道是产品和服务到达客户的关键。多样化渠道整合能够满足当今客户多元多变的服务需求，减少客户等待时间的同时为客户提供便捷高效的优质服务。首先，多渠道销售的优势在于方便银行利用多种形式收集客户消费信息，分析客户金融产品购买行为，有针对性地开展销售，开发客户潜在需求。其次，多渠道有利于网点进行客户分流，缩短客户的排队等待时间，提升网点服务效率，优化客户体验，提高客户满意度。中小银行线下销售网点加大拓展多种渠道业务，并鼓励客户提高自动柜员机、存折补登机等终端自助设备的使用频次，这将大幅缓解柜面人员的工作压力，较好地实现客户分流。

中小银行还可以为网点增加社交功能，实现由业务办理和销售网点向金融服务和生活中心转变。中小银行各网点应积极拓展客户服务渠道，利用多样化、专业性的服务加强与客户的联系，提升客户对银行的依赖程度，为满足客户的不同金融需要，甚至展开跨界经营、多样化搭配销售模式的创新，从传统意义上的银行业务办理网点转变为人们日常社交的场所，打破人们对银行的固有看法和印象。开展跨界经营要与外部的金融服务机构保持密切联系，采取与第三方合作的方式，充分利用现有资源，开拓银行的可利用空间。此外，中小银行还可以开展各种形式的"金融服务"讲座，如专家理财讲座、个人理财规划、子女留学生涯规划等，吸引客户群体，建立各网点客户群，在与客户日常交流中进行隐性产品推销，从而推动银行网点向金融服务和生活中心转变。

6.试点新型网点建设

中小银行可以结合网点周围实际情况，建设部分新型网点，如社区网点、智能网点、特色网点以及概念体验银行。

（1）社区网点。目前，大部分的中小银行都在积极开展社区银行业务，很多银行的网点都向"自助+金融"方向发展。社区网点的建设，一方面可以使社区居民方便地享受到银行的金融服务，同时能够节约银行开支，提高银行的经营绩效。比如，一些成立多年的网点，由于老城区的改建和新城区的设立等各种原因，大量附近居民搬离导致该网点客流量大幅下降，仅依靠该网点附近留存居民客户来支撑，使得客户资源严重不足，经营业绩断崖式下滑。但是考虑到成立多年的老网点依然有很多存量客户和大量的客户存款资金沉淀，如果直接搬离或撤销网点，势必会导致老客户资源的流失，影响银行整体的经营业绩。因此，将网点改造建设成为自助银行和理财功能一体化的社区网点，从而把原有的网点资源进行整合，成为创新的现实路径之一。

（2）智能网点。中小银行在互联网金融时代受到来自其他金融机构和大型商业银行的竞争压力，必须顺应时代要求，向数字化、智能化方向创新销售渠道，而建设智能化网点就是一个切实可行的方法。银行客户可在智能网点借助高科技智能设备，进行开卡、申领U盾、转账汇款、购买理财产品，甚至申请贷款，几乎所有个人银行业务都可以独立完成，除了有一旁协助引导的工作人员，个人客户无须排队等待柜员办理业务。智能银行拥有客户自助式打印机、智能取号机等各种智能服务终端，这些智能设备简化了银行业务的办理流程，不仅为银行降低了人力成本，使服务更趋向定制化，也实现了便捷、高效的服务。

（3）特色网点。随着互联网金融在过去几年的快速发展，对传统的金融行业造成了很大影响，但从目前的发展趋势来看，互联网金融还是无法取代银行网点的全部功能，因为银行的公信力和网点面对面服务带来的安全感，使客户在选择金融产品，如理财产品、黄金等，更倾向于选择线下网点来交易。所以，在一定时期，银行网点仍然是金融产品销售的主要阵地。随着当今客户需求的多样化，未来的银行服务将会从大众化标准服务转向个性化定制的服务，这就需要银行采取多渠道经营的策略，强化优质的客户体验，强化以客户服务为工作核心的方式来经营。中小银行的网点创新就要在保留传统服务的基础上，更加注重客户多方面的获得感和体验，逐步加强客户个性定制化服务的建设，提升服务质量，使客户提升对银行网点的认可和信任。

（4）概念体验银行。概念体验银行是银行未来发展的全新模式，可以让客户在"体验"中享受银行的金融服务。这种新型银行模式需要在满足客户需求的前提下，通过科技手段来提供多种不同的金融产品和服务。通过体验式服务，客户可以更好地理解一款金融产品的功能、收益以及购买操作流程，促进客户主动选择产品。

（二）中小银行线下其他金融销售渠道开拓

中小银行除了对现有销售网点进行转型外，还可以借助其他线下渠道展开营销，如举办展销会、组织金融沙龙活动，建立银行之间或银行与外部的渠道联盟，共享销售渠道，实现合作共赢。

1.举办展销会

中小银行可以通过举办展销会促进销售。举办展销会属于情景销售，这是一种传统的零售销售方式，即模拟购物后的利用情景，协助客户在情景描述中做出选择，从而促成销售。银行业与其他零售行业的不同之处在于其金融产品基本都是虚拟产品，无法进行实际展示，但仍能在营业网点模拟和还原这些无形产品的真实销售情景。将情景销售应用于银行网点，是帮助无形产品展开有形化展示，使无形产品的应用更具场景化，大大推动了银行业的零售业发展。这是银行营业网点所具备的天然优势。

2.组织金融沙龙活动

中小银行可以开展线下金融沙龙活动，向客户普及理财知识、宏观经济分析，进行产品推荐，利用面对面交流的方式了解客户购买金融产品的顾虑和产品偏好，收集产品优化意见，从而提高产品的销量。

例如，某银行支行在成立 11 周年之际，开展了以"普及金融知识，提升金融素养，共创美好生活"为主题的厅堂沙龙活动。活动现场气氛热烈，支行员工为在场群众详细讲解了金融知识和防诈骗小常识，提升了大家的风险防范意识。同时，支行理财经理也为在场客户讲解了该行热销的各类理财产品，引导金融消费者根据自身需求选择金融产品和金融服务，受到了客户的一致好评。

又如，某银行分行携手旅行社成功举办了一场以英国旅游、如意签为主题的出国金融沙龙活动。活动现场，该分行出国金融专员围绕该行出国金融服务体系、专业队伍、信用卡、护航卡、如意签等内容展开宣讲，解决客户出国金融相关业务方面的疑问。旅行社专业人员向到场客户介绍英国签证流程，并就该银行客户可享受的权益进行了重点介绍。活动还设置有奖问答环节，寓教于乐，有效调动了现场气氛，客户积极参与答题，相互讨论，活动效果显著。在此期间，该分行还普及了金融知识，提升了客户金融风险防范、自我保护意识。该分行理财经理为客户现场答疑，解答客户在关于金融服务和产品内容、出镜签证、客户权益等方面的疑问。总之，本次充实的活动内容得到了客户的认可和好评。

3. 建立线下渠道联盟

互联网金融时代，伴随着金融市场的日益开放，营销渠道联盟应运而生，通过渠道之间的结合提高销售业绩。中小银行渠道联盟一般从两个角度进行，一是银行间的渠道联盟，二是银行与其他行业之间的渠道联盟。

银行间的渠道联盟在中小银行之间较为常见，主要由于中小银行网点渠道数量较少，由于资金环境等各方面限制，无法进行大规模扩张。利用渠道联盟的方式共享中小银行之间的销售渠道，提高整体竞争力。举例来说，2016年，我国十二家全国性股份制商业银行，发起了"商业银行网络金融联盟"，正式签署了商业银行账户互联互通合作协议，提出了建设"平等、连接、开放、共赢"的互联网时代金融环境的愿景，并设定了"便民、惠民"目标。该银行间的渠道联盟有助于推动银行业金融科技创新建设，有利于新信息的互联互通，其设定的愿景和目标，为中小银行金融创新指明了一个方向，也为建设银行互联网金融生态提供了一个安全规范的共享平台。

银行与其他行业之间的渠道联盟包括银行与其他金融机构和非金融机构

之间的渠道联盟。结盟后各中小银行和其他机构都能借助对方的销售渠道展开营销。具体可以有以下多种路径，如图3-4所示。

```
                ┌── 其他金融、电信机构 ── 保险、证券公司、通信运营商等
                │
                ├── 商场、品牌专卖店   ── 万达、万象城、知名品牌等
                │
   中小银行 ────┼── 知名企业         ── 中国石油、中国石化、腾讯等
                │
                ├── 居民社区         ── 社区、小区
                │
                └── 旅游景区         ── 5A、4A景点等
```

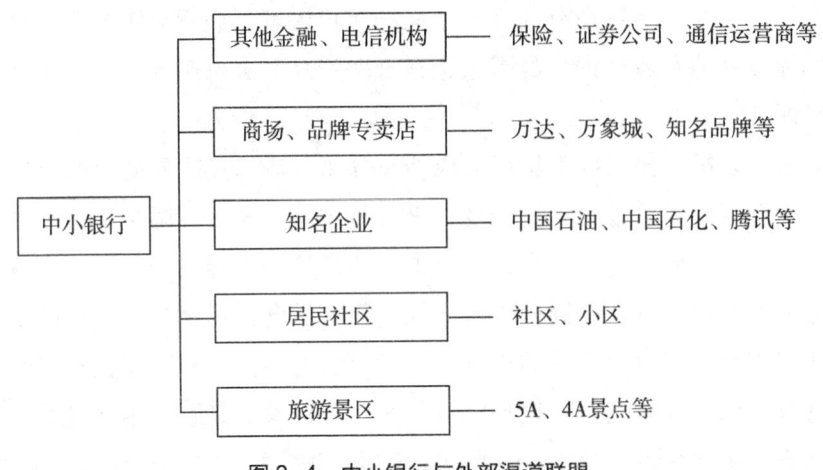

图3-4　中小银行与外部渠道联盟

一是与其他金融、电信机构联盟，如保险公司、证券公司、通信运营商等，利用对方丰富的网点渠道，在线下推广自己的金融理财产品，扩大银行客户规模。二是与商场、品牌专卖店等进行业务往来，如万达、万象城以及各种知名服装、电子品牌的专卖店，提供给银行客户购物折扣或指定某项商品低于市场价格出售，该优惠仅限本银行客户享有。三是与知名企业合作发行联名卡，如中国石油、中国石化、腾讯等，借助其他巨头的渠道拓展中小银行的销售渠道。四是与居民社区开展合作，让金融服务走进社区，走进小区，满足家长为孩子购买教育基金等理财产品和保险产品的需求，开展银行社区服务。五是与旅游景点展开合作，充分发挥国家山水资源优势。由旅游景点提供门票折扣让利和在景点宣传金融产品的场所，由银行提供网点等渠道的宣传和电子订票、支付技术，带动旅游景点的客流量，同时利用旅游景点游客集中的特点，提升银行金融产品的知名度和销售量。

二、中小银行线上金融销售渠道开拓

中小银行开拓线上销售渠道的具体路径主要包括改革已有电子银行渠道和开拓外部合作渠道。

（一）借鉴互联网金融模式改革电子银行渠道

源于互联网的快速发展，银行业的竞争要点开始集中于建立金融业"互联网+"的品牌。到现在为止，几乎所有中小银行都拥有了一套完整的、包含网上银行与手机银行等的电子银行渠道网络。越来越多的金融业务可以通过这一电子渠道网络进行办理。

在产品设计与拓展阶段，中小银行应发挥互联网金融的作用，推出合适的金融产品，销售合适的理财产品，实现产品与电子渠道的互联互通，降低和节省佣金和通道费用，节约客户相关成本。在中间的销售阶段，中小银行只有跟上互联网的发展，才能在客户资源竞争中取得好的成绩。通常来说，客户购买的便利性是客户选择银行的重要指标，因此销售渠道建设的电子化和便利化尤为重要。在后期的服务阶段，为了充分发挥电子银行渠道的便利性，提高客户金融业务需求的服务效率，电子银行渠道可以承载呼叫理财经理的功能。意向客户点击手机银行即可启动理财需求，理财经理则可以通过移动销售平台及时接通响应，提供理财咨询、推荐销售等服务。例如，订单的分配是按分层客户管理规则进行的。对于拥有托管财富管理公司的客户，订单直接发送给托管理财经理，而其他理财经理看不到相关的订单。对于没有托管财富理财经理客户，如果是贵宾客户，订单会向其所属网点理财经理开放。对于普通客户，订单则会优先分配给靠近客户地理位置的周围网点理财经理，如果超时无响应则向分行辖内理财经理开放。这种安排不仅能节约客户办理业务付出的时间成本，还能让理财经理在电话接入时明确知道客户理财需求以便推荐合适的产品。

中小银行在尝试互联网金融模式时，其策略并不只是单纯地满足金融产品的销售，更重要的是要通过产品和服务的交易，来获取客户的消费行为等数据，借助银行强大的平台基础，对每个客户金融产品和服务的消费行为数据进行分析和挖掘，更好地掌握客户的资本概况，开发客户潜在业务需求，更好地为客户提供优质的金融服务。从一般电商平台获取而来的客户交易消费数据虽然数量庞大、名目繁多，但却不能有针对性地反映客户需求的全貌。依据这些数据对客户进行资产评估和贷款可行性分析存在很大风险。因此，在进行评估之前，中小银行必须对评估对象进行调查研究，了解其实际情况和特点，以便为制定评估方案提供可靠依据。目前，中小银行收集到的金融数据可以较为全面地反映客户账户资金的流动情况、沉淀情况、客户上下游企业的资金周转情况等。但是，仅仅依靠金融数据进行客户需求分析仍然不能真实地还原客户的交易缘由、进行有效的数据挖掘来进行精准营销。倘若将客户的金融数据与交易数据进行有效的整合和综合的分析，就能够为中小银行实现精准营销提供有力的数据支撑，为其分析客户贷款的可行性提供可靠的数字化证据。

中小银行必须把握互联网金融的发展契机，通过虚拟网络技术，加速金融产品的革新，打破网点的限制，实现规模报酬递增和边际成本递减，创造更多的增值。

（二）开拓外部合作渠道

中小银行要充分利用第三方的销售渠道。长期以来，中小银行一般都采用通过其自身平台进行销售。互联网金融时代下，中小银行要转变思路，积极与同业银行、其他金融机构以及国内的主要电子商务平台进行合作。中小银行可以加强与基金公司、证券公司、黄金公司、保险公司以及信托公司的渠道对接，把金融产品投放到更大的市场，并通过第三方的平台进行网上交易，使销售渠道更加多元化。例如，中小银行与第三方支付公司合作构建互联网服务形态，通过与其他互联网平台合作，形成丰富的线上销售渠道和多元化服务场景，对外提供专业性、标准化的优质服务。中小银行通过整合多项外部电子渠道，实现多渠道信息共享和协同服务，可以打造一个面向公众的、面向社会的、便捷的金融服务平台。例如，中小银行可以根据银行内部信用等级划分客户层级，使信用积分高的优质客户，可以凭借信用点实现快速消费；中小银行也可以与电商平台合作，对本行客户积分进行估值后兑换为电商平台积分，通过第三方平台强大的商品运营能力来满足中小银行客户不同的差异化需求，并为未来更多业务合作和创新打下基础。

中小银行可以将生活服务场景与银行线上销售渠道相结合，发挥互联网金融生态营销的优势，快速拓展客户，累积客户资源。例如，中小银行可以将社交网络平台引入销售渠道，在微博公众号和微信公众号上建立起一个供客户使用的社交平台。该平台给客户提供一个交流窗口，使客户可以在后台共享自己使用某些产品的体验，述说自己最近的一些生活经历，对比来自其他金融机构产品的优劣势，表达对某个产品的期望值，提供一些宝贵建议。中小银行可以基于这些信息数据进行整理分析，促进销售策略的调整。在搭建好这个平台以后，每位客户不再只是一个单独的个体，而是能够反映客户需求的代表。中小银行利用新媒介，建立自己的"朋友圈"，不仅可以用于收集客户需求、整理产品意见，还能在平台上进行产品推广，树立良好品牌形象。

三、中小银行线下线上金融销售渠道整合应用

（一）线下线上联动销售，吸引客户流量

中小银行实现线下线上渠道联动营销需要在保持现有实体银行网点经营的基础上，充分发挥资本优势，基于网点客户流量推动线上渠道的开展，当移动端客户数量累积到一定数量，就能形成一个强大的移动银行平台，反过来促进线下网点业务的销售。中小银行可以通过视频演示、广告、推广介绍等多种形式，在各个网点推广银行金融产品，利用广大客户在网点等待业务办理和进行交易时间，充分向其展示和推销线上银行渠道，使其充分了解线上金融产品。在客户下载相关线上客户端后，利用线上渠道全方位地向客户提供各种金融服务，反过来增强客户对银行网点业务的了解，为线下银行营业网点吸引客户流量。

例如，某银行手机银行利用个人客户营销管理平台的标签筛选潜在客群，采取"助力砍价"的方式融入社交属性，配合丰富的权益礼品，借助好友之间的信任进行口碑传播和奖励机制，开展银行内外配合、线上线下联动的互联网新型销售模式，实现"1+1＞2"的跨终端数字化营销模式，实现手机银行品牌的广泛传播以及该银行线上零售客户的裂变式增长和活跃。

该模式的银行内外配合基于客户标签、客户画像，通过银行网点、官网、公众号、消息推送等行内渠道开展精准营销，同时利用合作媒体以及朋友圈广告等行外渠道进行宣传造势。线上线下联动体现在以"助力砍价"入手，从用户群体、推广渠道、产品属性、产品价值、社交元素等方面考虑，将网

点作为线上渠道的延伸，实现客户从线上获客引流、线下二次营销的跨终端营销模式，如图3-5所示。

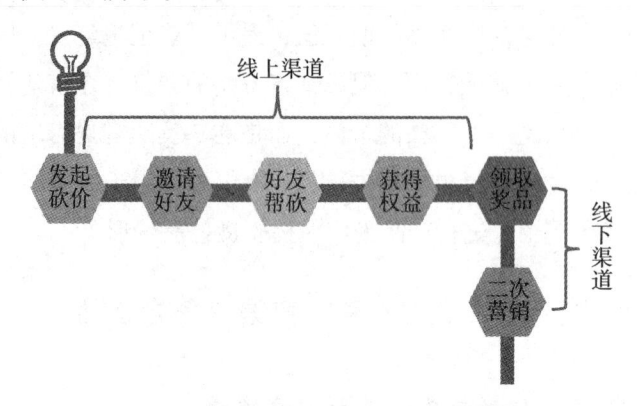

图3-5　某银行线下线上联动销售模式

这种线上线下联动的数字化销售模式，借助线上渠道的引流能力，把握线下网点面对面营销机会，打破终端壁垒，将线上客户的价值最大化，利用裂变传播的助力砍价活动，实现线上客户规模和客户活跃的指数型增长以及线下网点客户价值的提升。

（二）线下线上联动办理业务，整合客服服务

中小银行在拓展业务范围，增加预约业务、预填业务等方面，要根据客户个性化需求提供差异化的优质服务，提高营业网点运营效率，增加客户忠诚度，从而使各中小银行的营业网点能够更好地组织工作，使各业务部门的人力和物力得到有效分配，各业务机构的业务职能得到最大限度的发挥，提高各业务机构的市场竞争力。

中小银行要充分发挥手机、网络等终端的作用，为客户提供更为完善的线下线上互动服务，同时充分利用内部力量，实现线上和线下的协同。例如，中小银行可以为银行内部员工搭建一个移动平台，实现客户关系维护、客户互动与营销推广。基于该移动平台，中小银行可以建立一个移动服务系统，利用平板等移动设备实现远程开立、变更账户等操作，从而扩大服务范围，提升营销水平，形成O2O服务系统，建立良好的品牌形象。

例如，某银行依托科技金融，打造了线上平台优质服务的窗口，开发了

小程序，使客户可以随时在线上预约服务、获取最新热销产品咨询信息，参与网点在线热门活动，解锁线上互动新玩法，此举利用金融产品和服务的互动营销，有效拓宽了金融服务的生态边界。该小程序作为网点多元化经营的新形态，打破了传统网点在服务供给方面的空间和时间上的限制，实现了线上虚拟网点与线下物理网点的联合运营模式，为客户提供了全天候全方位的服务，构建起了以客户为中心的开放金融生态新格局。

该银行充分发挥了其在科技金融方面的技术优势，实现了 24 小时全天候服务。用户通过微信这一聊天工具即可方便联结身边网点，享受在线开卡、信用卡申请、预约取号、预约取现、预约回电、产品推荐、优质活动等大流量便捷服务。与过去相比，客户不仅可以节省大量等待时间，也无须被往返程耗费的时间精力困扰，真正实现了网点服务"随时随地、触手可及"，全面优化了用户体验。

该银行努力拓宽线上线下的服务生态边界，基于生活场景，将银行服务和品质生活无缝对接，满足客户多元化需求，全力打造金融与生活相结合的多元化服务场景。该银行坚持"开放、智能、普惠"的理念，展示了其零售业务的探索和变革，即通过构建线上线下生态一体化的网点新范式，为用户提供覆盖全渠道的无缝消费体验。预计在不久的将来，该银行小程序将与时俱进，不断开发，推出更多元的活动，设计更优质的内容，围绕客户不同需求持续优化线上产品与服务，提升场景化、专业化、智能化、协同化能力，提供有温度、有情感的网点服务。

（三）线下线上联动开展金融活动，促进金融普惠

中小银行要充分利用线下线上多种渠道，开展金融活动，如理财讲堂、客户回馈互动、客户意见收集活动等，多渠道输送银行相关内容，宣传银行金融知识，提高客户风险意识，加强与客户的联系，让更多群众懂金融、用金融、受益于金融，增强金融普惠性。

例如，某银行分行开展金融知识宣传活动，通过线下和线上渠道整合的方式进行活动宣传，深入消费者群体，广泛开展宣传活动。一方面，该分行在厅堂，利用网点电子屏、电子海报、电视机及宣传折页等营造宣传气氛，

设置多个金融消费者权益保护宣传站，网点柜面推行"多说一句话"提醒、厅堂"微课堂"等多种形式持续开展宣传活动，让客户充分接收金融知识。另一方面，该分行拓宽线上宣传渠道，在微信直播平台开设"理性消费，增强诚信意识"消保小课堂直播活动，在直播间支行"金融消保宣传大使"倡导大众理性消费，针对个人信用进行着重宣讲，并通过简单举例向直播观众强调个人信用的重要性。本次直播活动新颖，内容丰富，受到观众的一致好评。未来，该分行将持续推进金融知识宣传活动，通过积极探索喜闻乐见的创新宣传模式提升宣传质效。

第三节　中小银行金融新型销售渠道维护

只有长期被客户接受的渠道才能长久维持。在互联网金融时代，中小银行要想实现销售渠道的创新，就必须实现从销售观念到服务观念的转变。现代客户的消费观念已经发生了很大的改变，客户在消费的时候，不仅考虑产品的品质，还考虑服务的体验，对于银行也是一样，当产品的利润相差不大的时候，客户会倾向于选择服务体验更好的银行，因此销售渠道维护的重点就在于客户体验的维护。维护客源可以从四个角度出发，一是客源渠道建设，二是防止客户流失，三是客户关系管理，四是客户经理管理，如图3-6所示。

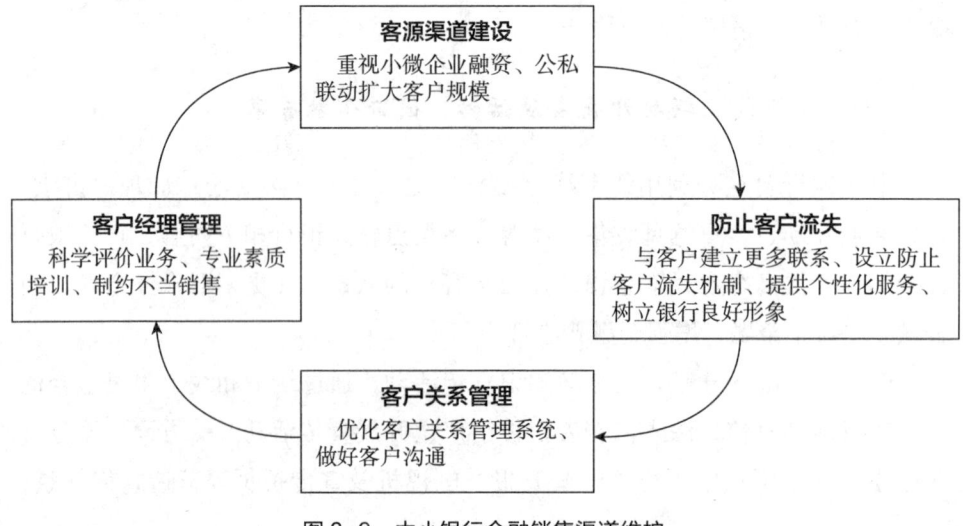

图3-6　中小银行金融销售渠道维护

一、客源渠道建设

（一）重视小微企业融资

中小银行应加强对小微企业的贷款支持。传统银行业往往把大部分的注意力集中在那些拥有大量资产的客户上面，而忽略了小微企业的贷款需求，且贷款准入门槛高，有大量的手续。从另一个角度来说，这是中小银行的发展机遇。借鉴互联网金融企业的发展经验，中小银行可以凭借其机构的弹性，业务的创新性，为小微型企业提供更多的贷款，这不仅符合目前银行的金融发展方针，也是为了响应国家普惠金融的政策，加强对实体经济的资金支持，为银行储备优质客户资源。与一般的个人客户相比，小微企业和个体经营者对金融和理财的要求更高，具有一定的资本力量，是银行销售各类金融理财产品的理想对象。中小银行可以利用互联网技术和平台，在银行较为成熟完善的信息基础上，强化金融协作，不断探索和创新发展模式，对小微企业进行风险评估，从而形成更加个性化、便捷、高效的小微企业金融服务体系。

（二）基于对公业务，公私联动扩大客户规模

利用对公业务拓展零售业，是一个很好的发展策略。在我国，中小银行发展零售金融服务的前提是要迅速地拓展其客户群体，尤其是高质量客户群体。每个企业客户都有很多员工和高管，这些都是中小银行的客户基础。中小银行可以利用迅速发展的对公业务，推动公私联动，为企业客户提供金融服务，并以开设代发工资账户的形式为该企业员工乃至雇员亲属提供金融服务，快速拓展基础客户群，积累优质客户，为个人金融业务的发展奠定基础。

二、客户黏性加强

加强客户黏性就是要防止客户流失，坚定客户对银行的信心，采取各种途径与客户建立友好关系。

（1）与客户建立更多销售关系以外的联系。销售人员要提高与客户日常沟通的频率和深度，激发和挖掘客户的潜在需求，理解并关注客户所关心的

问题，给客户精准提供必要的资讯，并做好客户购后的跟进工作，认真对待他们的意见和要求。面对客户投诉的时候，必须坚持从客户的立场思考问题，在真正意义上践行"以客户为中心"的理念，营造良好的人际关系，提高客户的忠诚度。

（2）设立防止客户流失机制，提高客户转移成本。一方面，中小银行可以通过立下承诺，与客户之间形成一种互相制约的关系；另一方面，中小银行也可以建立更多的显性和隐性纽带，来提高客户的转移成本。基于这两个方面的机制制约，即使客户因为个别突发情况对银行产生不满情绪，也会因转移成本为银行提供补偿和调整机会。对此，银行要及时采取措施，缓和与客户之间的关系，消除客户的不满情绪，进而取得客户的信任并与客户建立良好的关系。

（3）要为高质量的客户提供个性化服务，为他们量身定制超值产品，提高客户对产品与服务的满意度，以此来进一步吸引客户，挖掘客户潜在价值，保障后续交易。中小银行要充分了解客户，定制个性化的金融产品满足高质量客户的特别要求，使他们不会为了短期的收益舍弃对银行的忠诚度。

（4）在客户心中树立良好正面的形象，包括银行标识、发展目标、员工着装、言谈举止、广告用语等。良好正面的形象有利于增强客户对银行的信心和乐观态度，甚至为银行进行宣传。具体而言，要号召银行每一位员工承担起客户关系维护的责任，动员全员积极性，对客户保持热情，在客户心中建立对银行的信任感和依赖感，不要因个别员工态度问题影响银行整体形象。

三、客户关系管理

客户关系管理是中小银行维护销售渠道，与客户建立长久稳定关系的有效手段。通过客户关系管理可以更好地理解客户，加强双方之间的联系，使客户和银行之间的沟通更加紧密，保持现有的客户，发展新的客户，最后提高客户的购买欲和忠诚度。中小银行应该建立客户关系管理平台，该平台需要具备一系列功能，如客户详细的预留基本信息数据、客户金融资产配置情况、客户资产配置诊断书、客户资产优化建议等。然而，目前此类平台只支持银行客户经理进行查询，再通过其他方式与客户进行沟通，不支持客户自行查询相关内容，没能将该管理系统的价值最大化。

中小银行可以进一步优化客户管理系统，将客户管理系统的众多功能嵌入手机银行客户端，供客户自行查询，同时在该系统上增加产品推介功能。掌握客户信息和消费需求及特点的银行客户经理，可以在客户关系管理系统上手动将相关产品推送至客户手机端；客户登录手机银行便能看到推送，进行自主查询及购买。这可以增加客户的自主性，减少客户因对产品类型不了解而无法选择适合自己的产品进而放弃购买的现象。

另外，维护客户关系，还要充分利用与客户的沟通机会。一要通过与客户线下见面，进行深度沟通，抓住客户需求，与银行产品精准对应，与客户达成一致，充分灵活运用银行有限的资源，最大限度地满足每位客户的需求，在各个方面做到平衡。银行与客户之间的互相理解与支持是促进银行更好发展的先决条件。另外，由于客户的需求一直在发生着改变，因此要保持对客户需求的持续了解，准确把握客户期望值。二要充分倾听客户的意见，并及时反馈。中小银行客户关系维护并不是一劳永逸的，需要与客户建立良好的长期合作伙伴关系，并在此基础上建立一套完善的反馈系统，对客户的意见进行分析，帮助银行正确决策，赢得客户的信任，也防止个别问题导致优秀客户流失。三要及时处理客户投诉，公正对待客户遇到的问题。中小银行必须树立正确对待客户投诉的观念，把客户投诉认为是赢得客户理解和巩固客户关系的新机遇，是优化银行自身服务水平的新契机，应该正确地认识到客户的投诉是给银行提供的免费建议，对客户的投诉进行认真的分析和总结，也是提升竞争能力的有效路径。

四、客户经理管理

在客户关系维护中，客户经理是客户的直接接触人，对销售成果有重大影响作用，因此中小银行要注重客户经理营销渠道的创新。"一对一"的销售方式近几年被很多中小银行所采用，这种方式能够确保面向高水平客户提供有针对性的业务。因此，建立一支专业的客户经理团队，有利于中小银行与客户建立稳定、持久的关系，可以说，客户经理团队建设是银行销售渠道非常有效的维护手段。提高客户经理的专业素质，对客户经理进行业绩评价，建立起一套有效的激励与制约机制，是维护销售渠道的重要环节。

一要科学合理评价客户经理业绩。中小银行对客户经理的工作表现和工作贡献进行考核评价,必须做到客观公正、科学合理。对此,中小银行可以建立透明的评价指标,衡量客户经理创造的价值,充分激励客户经理,从而带动高附加值产品的销售,提升经营的利润。

二要注重客户经理专业素质培训。中小银行要想实现长期稳定的发展,必须对现有的人力资源进行持续的优化和完善,注重对销售人员的培训。只有持续地提高销售团队的专业能力,才能使客户满意度持续上升。为此,中小银行应该加强对客户经理的专业化素质培养。比如,中小银行可以通过与各大院校建立合作,以委托培养等形式定期安排客户经理到各大院校进行培训;中小银行还可以定期组织相关金融课程,提升他们的专业技能;实行轮岗也是一个不错的路径,让客户经理在银行的各个部门进行培训和学习,熟悉银行业务的操作流程,提高为客户提供理财规划方案的专业水平。

三要有效制约客户经理不当销售。在采取激励措施调动客户经理工作积极性的同时必须建立有效的制约机制,避免客户经理为了实现短期利润,做出牺牲银行长远利益的行为,保障银行的长远发展,也有效杜绝相关道德风险。

第四章 互联网金融时代下中小银行金融管理模式创新

互联网金融时代下，金融创新成为中小银行的首要战略任务。中小银行在产品和服务创新之前，需要先做好管理模式的创新，为开发新型金融产品和服务做好组织保障、制度保障和风险控制保障，全面推进中小银行金融创新的工作进程。本章从组织架构、管理制度、风险控制三个角度对互联网金融时代下中小银行金融管理模式创新展开研究，为后文中小银行金融产品创新奠定管理基础。

第一节 中小银行金融组织架构创新

一、中小银行金融组织架构概述

（一）中小银行金融组织架构相关概念

1. 组织

管理学家斯蒂芬·P. 罗宾斯（Stephen P. Robbins）提出："组织是为了实现特定目标，进行相关的组织和协调，并拥有一个清晰边界的社会实体。"组织是指由若干成员组成的，具有共同规范，为了共同目标而联合起来的一个社会整体。

2. 组织创新

一般而言，组织创新是企业组织架构方面的变革。组织理论专家理查德·L. 达夫特（Richard L. Daft）则主张，企业组织变革应该涵盖更广泛的领域，比如结构变革、管理制度变革、业务流程变革、企业文化变革等多个不同方面。[1]

3. 组织结构设计

企业的组织结构设计，是指对组织的组成要素和它们之间连接方式的设计，根据组织目标和组织活动的特点，明确各单元的工作分工、分组和协调执行机制。

---

[1] 达夫特. 组织理论与设计[M]. 宋继红, 薛清梅, 孙晓梅, 译. 沈阳：东北财经大学出版社, 2002：133—138.

组织结构设计包括两个方向：一是专业化，二是部门化。所谓专业化，就是指职业分工，即对组织相关工作进行精确的界定和细化。专业化通常需要把某项组织工作交给一个具体的人或部门来完成，而非一个人或部门去完成所有工作。所谓部门化，是指当组织完成工作内容的细化分工后，需要按照具体工作的类别划分工作任务组，以促进整体工作的协同合作。

（二）我国商业银行组织架构分类

林顺辉认为，商业银行的组织架构是指商业银行各个分支和机构的组合与聚集状态、联系方式及内部各个因素之间的综合架构模式。[1] 根据不同的视角，可以采用不同的分类标准来分析商业银行的组织架构。通过对商业银行内外关系的剖析，可以将其组织架构划分为外部组织架构和内部组织架构。商业银行的外部组织架构是指组成银行的主体金融机构及其下属分支机构相互间的组织框架。商业银行的内部组织架构是指单一金融机构中或银行主体机构内部的组织架构。我国商业银行内外部组织架构分类如图4-1所示。

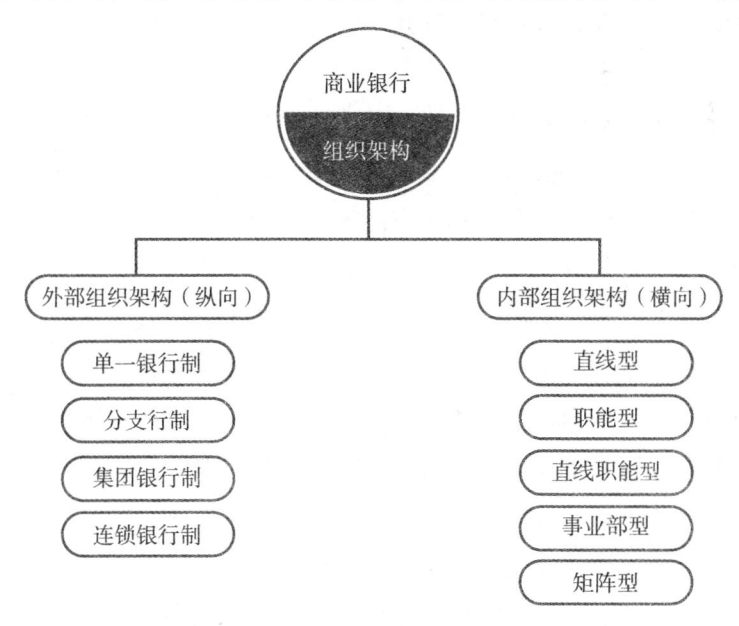

图4-1 我国商业银行组织架构分类

---

[1] 林顺辉.国有商业银行组织架构优化研究[D].厦门：厦门大学，2007.

商业银行的外部组织架构和内部组织架构还可以被视为纵向组织架构和横向组织架构。从这个角度来看，商业银行的外部组织架构是立足外部视角对商业银行整体架构进行宏观分析，因此，其外部组织架构也可以被称为纵向组织架构。商业银行的内部组织架构则是从各个机构内部的角度出发，对各个职能部门进行结构性的剖析，因此，其内部组织架构也可以被称为横向组织架构。纵向结构和横向结构的交叉运作是保证商业银行有效运营的组织基础。中小银行进行金融创新意味着其发展的战略目标有所转变，银行的战略目标转变会导致银行的组织架构发生变化，其纵向组织架构会首先受到冲击，而横向组织架构是建立在纵向组织架构基础上的，通过调整银行的内部各功能之间的联系，优化银行的资源分配，从而提升银行整体的运作效能。

1.商业银行的纵向组织架构

单一银行制是指所有的银行业务都由一个独立的银行机构集中经营，不存在其他分支机构。这种模式具有外部边界清晰、规模小、适应区域经济发展需求、不易形成集权等特征。但是，单一银行制受限于较小的规模，难以提升运营效率，业务发展和金融创新都会受到影响，而且规模越小，越不利于银行降低经营风险。

分支行制组织架构通常在大的金融枢纽地区设立总行，在其他区域设立分行，在地域上采用松散的组织形式。该模式还有一个必要的基础，就是建立一套完整的网络体系，利用其庞大的规模发挥规模效应。这时，总行对分支行一般有三种管理方式：直属制、区域行制和管辖行制。直属制是指所有分支机构都受总行直接指挥和监督，自身没有决策自主权。区域行制是将分支行按地域划分成几个区域，每个区域设有一个地区管理机构，这个机构仅代表总行在监管区域内行监管之职，并不开展相关业务，各个分支不是由总行直接领导，而是由地区银行来负责。在管辖行制下，部分区域范围内的重要行会被作为管辖行，这些管辖行不仅监管所辖区域内的其他分支行，而且开展对外业务。分支行制组织架构在各地形成了一个巨大的业务网络，这有助于实现规模效应、节约成本及提供丰富多样的服务。分支行制组织架构还有利于分行之间的资金调配，提高资金的使用效率并分散风险，目前被广泛应用于世界各国商业银行中。

集团银行制是指设立集团机构之后，成立控股公司，采用控股模式对两个以上的商业银行股份进行控制，从而构成一个大型的银行组织。这种组织架构的本质就是通过这样一家控股公司来管理上文中的单一银行或其他分支银行，这样就避免了国家对银行开设分支机构及对其他产业的准入限制。例如，借助控股股东的身份，银行可以设立与其业务相关的其他金融公司，包括信用卡公司、贴现公司等。

连锁银行制又称"联合制"，是指由某个人或某一集团通过控股形式实现控制若干银行，这些银行依然具备独立的法律地位，但实际上其业务和经营政策被某个人或某一集团控制，无法自主进行经营活动。

随着互联网金融的发展，单一银行制规模小，不利于银行未来长期稳定的发展。未来，分支行制很可能成为商业银行组织架构的主导模式。我国中小银行基本实行分支行制，其组织架构创新很大程度上是基于此模式进行改革的。

2.商业银行的横向组织架构

商业银行的横向组织架构是在纵向组织架构上展开的，目前，分支行制是应用较广泛的纵向组织架构，在该组织架构模式下，总行根据其发展的战略目标，对其分支行通过直属制、区域行制和管辖行制三种方式进行有效的管理，从而形成了商业银行的整体组织架构体系。该架构体系的有效运行还要求各分支机构建立起一套合理的内部组织架构，也就是横向组织架构。商业银行的横向组织架构类似于普通企业的内部组织架构，可以分为直线型、职能型、直线职能型、事业部型和矩阵型等模式。

直线型组织架构的特征是在银行内部按照纵向体系将各类职位以纵向顺序排成一条直线，各级主管对下级具有全部的工作权限，而所有的组织成员都只能向自己的直属领导汇报工作。这是起源较早，也是较简单的一种组织架构，主要适用于规模小、结构简单的小型组织。

职能型组织架构也就是所谓的多线性组织架构，其按照职能划分不同的部门，将同一职能的经营业务和人员组合起来，形成相应的管理机构和岗位。这种组织架构不以产品和客户为中心，没有直接权威负责人，在组织协调性方面表现不佳。

直线职能型组织架构是对职能型组织架构的一种改良，它在直线型组织架构的基础上设立，既有层级的直接管理人员，又根据业务种类设置相应的职能部门。这种组织架构不适合大型商业银行，因为它必须考虑较多决策因素。

以上三种组织架构是传统商业银行应用较多的组织架构。然而，由于金融市场的变化及日益加剧的市场竞争，一些世界先进的商业银行已经放弃了原有的组织架构，转向了更具优势的事业部型和矩阵型组织架构。

事业部型组织架构是按照产品或地区设立事业部，每个事业部拥有较完善的职能机构。这种模式适用于不确定性较大的运营环境，其业务责任和联系节点较为清晰，尤其是在业务种类较多的大型银行组织中应用效果较好，其内部实施的分权决策机制使其能够更灵活、更具远见。

矩阵型组织架构在具有事业部型组织架构适应不确定性环境优点的同时还实现了不同事业部间相同职能的协调，但在该组织架构中，部分负责人具有双重职权压力，因而在处理各种问题时，必须具备较强的管理技巧。

当商业银行面临着外部环境变化时，其发展战略会相应调整，导致银行内部的横向组织架构与纵向组织架构一样发生相应的改变。在当前的互联网金融背景下，中小银行的战略目标还没有完全转变为以客户为中心，相对于纵向组织架构而言，银行的横向组织架构变化较为滞后，只有加快创新脚步，才能在竞争激烈的市场环境中争得一席之地。

二、中小银行金融组织架构创新原则与方向

（一）中小银行金融组织架构创新原则

中小银行的金融组织架构创新需要坚持三点基本原则，一是以客户为中心，二是以战略为导向，三是兼顾稳定性与灵活性（如图4-2所示）。

第四章 互联网金融时代下中小银行金融管理模式创新

兼顾稳定性与灵活性：
保持大框架稳定，进行灵活调整

以客户为中心：
客户分类、强调营销功能

组织架构创新原则

以战略为导向：
选择合适的组织架构

图 4-2 中小银行金融组织架构创新原则

1. 以客户为中心

以客户为中心是中小银行组织架构建设的根本原则。中小银行需要建立以客户类别为分类标准的组织架构，突出以客户为中心的经营理念并强调市场营销功能。中小银行金融创新的目的是提高自身的竞争能力，其竞争能力最终体现在营利水平方面，而利润是通过客户取得的，因此，中小银行的组织架构建设需要以客户为中心，整体架构思路是要保障客户导向的经营理念顺利实现，畅通对接客户的营销渠道。

2. 以战略为导向

中小银行以战略为导向，围绕战略进行组织架构调整。当前，国内中小银行组织架构的创新实践主要包括三种模式：直线职能式组织架构、事业部制组织架构和大部制组织架构。

直线职能式组织架构是当前我国中小银行的主流模式，采用该架构的银行基本按照其具体业务进行职能管理和划分，并且设置了相关支持职能部门。事业部制组织架构是我国中小银行组织架构创新实践的重要方式，该模式具有集中决策、分散经营的特点，即总行集中决策，各部门独立经营、独立核算。也有部分中小银行对大部制组织架构进行探索，这种架构是在原有部门之上构建更高一级的超级大部门——业务总部，成立公司金融总部、零售金融总部、金融市场总部，相比事业部制强调总分行之间纵向的垂直整合，大部制往往更强调横向之间的部门整合。就中小银行金融组织架构创新整体而言，以上三种模式各有利弊，并没有绝对完美的组织架构模式，各家中小银行需要根据自身的战略目标选择适合当下发展阶段的组织架构。

95

中小银行的组织架构并非一成不变，而是随着市场环境和战略目标的改变而发生改变。为了使组织架构具有生命力，中小银行必须具备较强的应变能力。中小银行需要充分意识到金融市场、客户需求在不断改变，银行组织架构和业务流程也要与时俱进，不断地进行自我调节与改进。客户需求的变化是动态的，针对客户的经营策略也要不断地变化，银行的经营过程、组织架构也要不断地进行动态的重构与调整。

3.兼顾稳定性与灵活性

中小银行在进行金融组织架构创新时必须兼顾稳定性与灵活性。一方面，组织机构的大框架不宜频繁变动。组织架构调整虽然有利于应对市场变化，激发组织活力，但是也会产生调整成本，包括结构性成本、执行性成本等，容易造成整体利益与局部利益之间发生冲突。组织架构的创新并不是简单地增减部门，而是需要更加关注组织架构设置背后的资源整合和管理效率的提升。另一方面，在大框架保持相对稳定的前提下，可依据精益管理原则，视战略执行情况、业务发展情况、风险管理情况等进行灵活调整。

（二）中小银行金融组织架构创新方向

互联网金融时代下，我国部分中小银行已经开始对自身架构进行改革完善，这将有助于中小银行顺应新模式转型完成"换道超车"，重塑核心竞争力。我国中小银行组织架构创新立足自身实际发展状况，向数字银行、生态银行、开放银行、敏捷银行等新模式探索，尽管具体的创新方向有所差别，但创新的内在逻辑都是为了具备能够快速应对市场高频变化并实时智能响应客户个性化、差异化、定制化金融需求的能力，构建与之相适应的内部组织机制。中小银行未来金融组织架构创新方向会逐渐趋向于扁平化和敏捷化。

1.扁平化

扁平化是指组织架构中的管理层级不断被压缩。无论向大部制改革还是向小部制改革，银行都在努力地压缩管理层级。针对市场环境稳定的情形，银行业务部门及中后台部门将以职能制、大部制组织架构运行，保证流程清晰且环环相扣，最大化达成组织整体的高效运营。

2.敏捷化

敏捷化是指中小银行的组织架构要实现高效的运转、快速的响应。现在组织架构发展的一个重要趋势是，众多银行通过构建跨职能、端到端的企业级敏捷组织，改变僵化的金字塔组织架构，打破纵向条线隔阂，打通横向关节，实现内部组织和流程高效运转，外部快速洞察并实时智能响应市场变化和客户需求。

一方面，越来越多的中小银行秉承以客户为中心的经营理念，强化板块内业务的高效协同，开始将产品线与客户线分开，明确前中后台的分工，在产品开发和客户服务上努力实现敏捷化、专业化，深度挖掘客户价值。

另一方面，一些银行开始探索以客群、产品与支持职能为划分依据，建立相应的敏捷部落，并按照业务规划与需求目标在每个部落内部动态设置敏捷工作小组，明确端到端的流程推进和最终交付的工作方式，将决策层级下放，赋予敏捷团队组织更大的决策自主权。

三、中小银行金融组织架构创新路径

（一）中小银行金融组织架构扁平化路径

互联网金融创新要求中小银行能够建立起一个贴近市场、快速响应市场需求的新型组织架构。与新兴互联网金融公司相比，目前国内的中小银行存在着层级结构多、信息传输不畅、市场响应迟缓、部门间协作困难、手续复杂、分支行经营水平参差不齐等问题。为了顺应互联网金融的发展趋势，中小银行必须充分利用现有金融资源，重新构建一套符合当前时代要求的组织架构。

基于商业银行组织架构的相关理论，中小银行金融组织架构扁平化实施路径可以从纵向和横向两个角度切入，如图4-3所示。

```
组织架构          纵向角度          强化总行的集中控制与管理
扁平化路径    （重构总行与       建立共享的用户交流平台
              分支行之间的关系）  建立健全业务考核体系
                                构建以互联网金融相关服务为
                                核心的总行和分支行管理架构

              横向角度          加强银行内部业务整合
              （内部业务         加强互联网金融部门建设
              部门重组）         转变银行管理模式
```

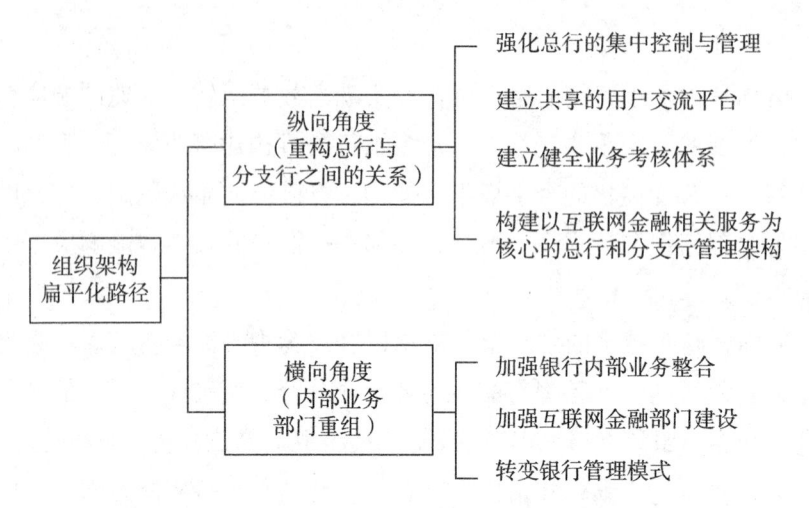

图 4-3 中小银行金融组织架构扁平化路径

1. 纵向角度扁平化路径

从纵向角度来说，中小银行要重构总行与分支行之间的关系。目前，中小银行的很多互联网金融产品和业务都由总公司来控制，而很多总行过去仅具备管理职能，很少直接参与业务经营。所以要从根本上推进总行职能的转换，加强其业务职能。同时，要展开总行与分支行之间在互联网金融业务方面的协同配合，增进产品管理、渠道管理、客户管理等多个层面的协作沟通，促进各个银行网点的经营和服务功能的转变。具体路径如下。

一是强化总行对互联网金融业务的集中控制与管理，加强线下网点的服务支持工作。总行应当吸纳更多专业的互联网金融创新人才，整合相关业务的运营管理工作，包括产品研发、业务运营、市场营销等。各分支网点要做好宣传、反馈和支持等工作，成为互联网金融的线下服务中心。

二是建立总行和分支行共享的用户交流平台。尽管总行对整个银行的互联网金融业务进行集中管理，但开展产品营销和客户服务的分支机构也相当重要。考虑到还有部分金融产品不适宜在网上出售，中小银行更需充分利用分支机构的功能。为此，中小银行可以建立一个跨行共享的全方位客户平台，其中包括客户数据平台、产品服务平台及客户联系平台等。这样既可以为总行的统一管理创造有利的环境，又能让分支行利用该平台提高对客户的营销和服务效率，进而增加整个银行的运营效益。

三是要建立健全业务考核体系。鉴于今后在互联网金融业务上，分支行将以线下服务为主，中小银行应该转变以往单纯以产品销售业绩考核分支行的体系机制，降低总行与分支行之间的利益矛盾，加大对客户服务评价等方面的考核。

四是构建以互联网金融相关服务为核心的总行和分支行管理架构。互联网金融与信息技术、财务控制、公共宣传等工作紧密联系在一起，中小银行组织架构创新可以将这些工作的相关部门纳入统一的组织和管理体系，使各部门之间的协作变得更加紧密。

2. 横向角度扁平化路径

从横向角度来说，中小银行要对自身主要业务部门进行分拆重组，实现条线化管理，使整体组织架构实现扁平化、专业化。中小银行可以把部分关键的二级部门合并成一个一级部门，提高银行组织效率，强化总行对这些关键部门的直接管理能力，在金融行业"混业"与"跨界"发展的新格局下，通过划分部门的职能与责任界限，防止因业务重叠产生内部竞争与相互推诿的现象。具体路径如下。

一是加强银行内部业务整合，将业务重复的一级部门和二级部门合并，使组织架构更加扁平化。通过这种方式，中小银行可以减少管理和汇报的层级，降低管理成本，提高对外部环境变化的反应速率，同时实现人员的精减。今后，中小银行在部分重组时，要更加注重核心业务经营，强化对核心业务的控制和管理。

二是加强互联网金融部门建设，推动银行业务网络化。在互联网金融时代，部分中小银行已经针对互联网金融单独设立部门，将其发展成一个新的分支部分，甚至部分银行撤销了电子银行部门，成立专业的网络金融部。

三是转变银行管理模式，从块状整体管理向条块结合转变。目前，国内的中小银行普遍采取的是"块式"管理架构，这使其在进行金融创新时会面临一些阻碍。在这种模式下，中小银行的金融创新策略是否能够得到有效实施依赖于管理人员的能力。然而，由于各分支行管理人员对创新策略的了解和关注程度有所差异，导致其整体创新策略很可能无法实现理想状态下的全面发展。因此，中小银行必须改变这一管理模式，建立起更加垂直化、专业化、便捷化的组织架构。考虑到组织架构创新应该循序渐进，中小银行可以在短期内先采取条块结合方式，逐渐实现完全的条线化管理。

总而言之，中小银行组织架构扁平化是金融组织架构创新的关键部分，需要以客户为中心，以业务流程为导向，重构组织架构，以实现组织运作清晰、协作高效。

（二）中小银行金融组织架构敏捷化路径

目前，中小银行正面临复杂多变的市场环境、快速发展的金融科技及激烈的同业竞争。要想突破传统发展模式的桎梏，在危机中培育新的机遇，加速实现金融创新已是我国中小银行普遍的共识与行动。中小银行实现金融组织架构创新的另一关键在于以客户为导向，打造全新的敏捷组织，这是对市场和客户要求作出迅速响应的重要保证。

互联网金融时代下，金融市场供求关系发生了改变。在需求方面，年轻一代的消费力兴起，客户的需求呈现出差异化与个性化，而科技的发展和市场竞争的加剧，使得客户更加偏向于体验更好、响应更快的金融产品。在供应方面，金融产品的同质化供应过多，而针对细分客群的差异化产品是比较缺乏的。客户的预期在不断增长，所以中小银行必须以客户为核心，全力打造敏捷组织，以适应市场的变化，满足客户对金融产品个性化、高体验和高迭代的需求，如此才能赢得更多的市场份额，在竞争中脱颖而出。从外在角度来说，敏捷组织是一个可以快速地将各种资源整合起来，以适应市场变化情况的组织。从内在角度来说，敏捷组织是以客户为核心、能快速适应变化、不断探索新技术和商业模式并优化其运作模式，并且可持续地为客户创造价值的组织。目前，我国中小银行普遍采用的是传统职能式组织架构，主要分为前台部门、中台部门和后台部门。在这种结构下，组织分工明确，专业化程度高，同时，权力层级较为复杂，决策权高度集中，决策链冗长。相对于传统职能式组织架构，敏捷组织可以构建跨职能、端到端的网格式团队，使银行组织架构由金字塔型结构转变为扁平型结构，极大地简化了银行的决策过程。

对于银行来讲，敏捷组织有三个层面。一是交付敏捷，重点解决金融产品的研发问题，实现研发快、更新快、响应市场需求快；二是业务敏捷，重点解决金融产品前端研发与销售的问题，在研发快的基础上，实现总分支行协作销售；三是全组织敏捷，实现产品的研发、销售及内部运营管理的全面敏捷化，提升银行快速响应市场环境变化的应变能力，如图4-4所示。中小银行要根据不同层次的需求，打造不同的敏捷组织形式。

交付敏捷
解决金融产品的研发问题

业务敏捷
解决金融产品的前端研发和销售问题

全组织敏捷
实现产品的研发、销售及内部运营管理的全面敏捷化

图4-4 敏捷组织的三个层面

1. 交付敏捷

交付敏捷的重点是解决金融产品的研发问题。因此，其具体路径是利用科技为业务赋能。

对于中小银行来说，可以采取速赢策略，围绕新产品、新系统开发等关键项目，组建敏捷试点小组，先小范围实现部分业务的敏捷，当试点项目取得了一定的成效之后，就可以实现从点到面的大规模业务敏捷，并在各个业务条线上形成一个敏捷部落，建立敏捷试点小组，由科技人员、产品经理、客户经理组成一个跨部门的综合团队，实现全面快速的升级。零售业务因其单体体量小、客户个性化程度高、风险分散等特点，往往成为敏捷试点项目的首选领域。

2. 业务敏捷

业务敏捷的重点是解决金融产品的研发和销售问题。因此，其具体路径是促进各部门的联动协作。

中小银行需要强化各敏捷小组、各敏捷部落间的交互与融合。一方面，加强各部门之间的横向合作，以市场需求为核心，组建跨部门、跨条线的重点攻关小组，形成二次敏捷的工作模式；另一方面，重新定位总行、分行、

支行的角色职能,促进总分支间的联动。总行成立客户群管理部和创新业务开发部,根据客户需求制定相应的产品和活动计划。分行机构要充分发挥中间的连接功能,优化员工配置,强化产品经理队伍建设。支行要完善网点岗位设置,明确柜员、理财经理、市场经理等的工作职责和工作流程。

3.全组织敏捷

全组织敏捷是要实现产品的研发、销售及内部运营管理的全面敏捷化。因此,其具体路径是推进前台、中台、后台的通力协作。

一般可以通过三种组织架构模式来实现中小银行全组织敏捷。一是全组织完全部落化架构。所有前台、中台、后台部门都建立各自的敏捷部落,部落内由不同的敏捷小组组成。二是根据业务类型构建不同的组织架构。零售业务和公司业务分开。零售业务主要面向个人客户,消费需求差异大、变化快,消费力分散,要求快速响应与迭代,部落化的架构可以与之匹配;而企业客户稳定性高,可选择开发中心模式,在科技条线成立专门的公司、风险、运营、中后台职能部门开发中心。三是混合型组织架构。可以在中小银行传统业务之外另设创新业务条线,以应对较高的风险控制和合规要求,使传统银行业务的数字化转型和创新银行业务平行开展。

第二节 中小银行金融管理制度创新

目前,我国中小银行积累了丰富的金融资源和人力资源。然而,由于种种原因造成了体制创新动力不足,所以必须改变管理制度,为中小银行金融创新注入新鲜活力,实现创新落地,促进中小银行从"传统金融生态圈"步入"互联网金融生态圈"。中小银行首先要在制度上明确互联网金融的变革已经成为必然趋势,其次要改变传统的营利观念。中小银行经营的最终目标是实现利润的最大化,而不是分布网点的最大化、人员规模的最大化或存款的最大化,这在互联网金融领域显得尤为明显,只有真正能够实现提质增效的创新才值得鼓励和提倡。在金融创新的过程中,中小银行必须以客户为中心,客户是决定银行未来发展潜力的首要因素。最后,中小银行需要构建基于数据的财务管理、内部控制管理平台,通过对宏观经济形势、客户生活习惯、客户满意程度等因素的分析，为中小银行制定合理的经营战略和发展战略提供依据，使其决策更加科学和客观，减少依靠经验和感觉的决策方式。

一、中小银行财务管理制度创新

（一）中小银行财务管理制度创新需求

目前，中小银行财务管理制度存在一些待改进的方面，对创新的需求十分旺盛，具体体现在以下三个方面。

一是财务管理观念有待转变。银行的财务成本包括固定资产、各项费用及税金利息支出，这些使财务管理工作具有复杂性。现阶段，中小银行的财务管理更重视发展规模而非发展风险，导致银行财务管理的工作效率不高，有待提升。

二是财务管理信息化水平有待提升。互联网金融是伴随着信息技术的发展而发展起来的，中小银行的财务管理制度创新离不开信息技术的支持。虽然目前大多数中小银行都在信息技术领域进行了大量的投资，但银行财务管理信息化水平还不能适应现代金融发展的需要。

三是中小银行财务管理队伍专业素养有待提升。互联网金融时代对中小银行财务管理人员的专业水平提出了更高的要求，他们不仅需要专业的金融与财务知识，还需要具备较强的数据分析能力和处理能力。人才的培养需要经历较为漫长的过程，目前此类复合型财务管理人才极少进入中小银行，人才稀缺导致中小银行在创新业务财务管理的过程中对数据缺乏处理能力，难以跟上金融创新的脚步。

（二）中小银行财务管理制度创新路径

中小银行财务管理制度创新的路径包括三个方面（如图4-5所示）。

```
                    ┌─── 01
                    │   推进财务管
                    │   理理念变革
                    │
          02        │        管理部门转变为服务部门
       提高财务管 ───┤        完善资产负债管理组织架构、流程
       理信息化水平  │        转变资产负债经营理念
                    │
   构建财务管理信息系统
                    │
                    └─── 03
                        打造财务管理
                        专业化团队

                        人才引进、人才培养
```

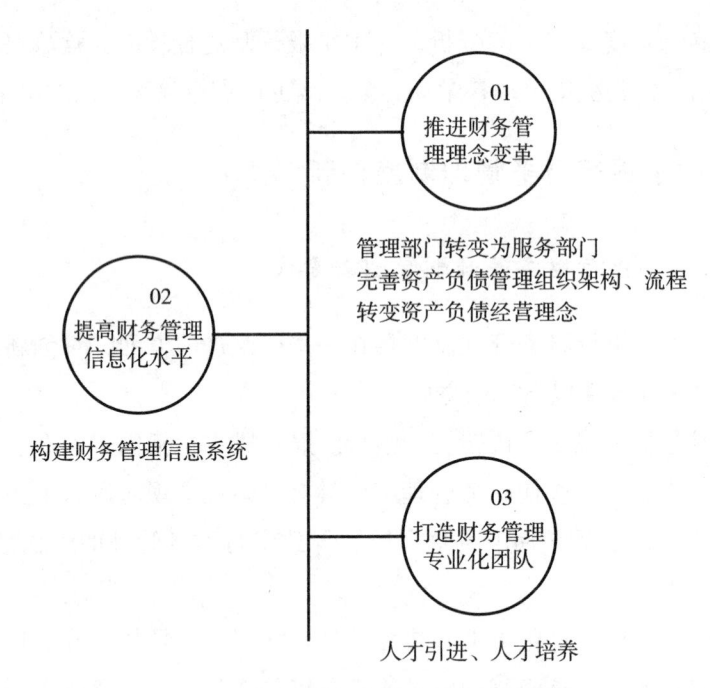

图 4-5　中小银行财务管理制度创新路径

1.推进财务管理理念变革

随着内外部环境变化，我国中小银行的财务管理职能逐渐从核算监督转向了全面预算管理和资源配置，但面对目前利差收窄、信用风险加大、成本刚性增长等新形势，中小银行反应较为滞后，对财务管理职能的认识仍然停留在静态管理和事后控制上。因此，要彻底改变中小银行的财务管理模式，必须从根本观念层次上入手。

首先，中小银行应该意识到财务管理部门的角色已从过去的管理者转变为服务者，伴随着业务的转型和技术的变革，管理流程正由静态管理向动态预测管理演进，从而使财务管理在全面预算管理和资源配置方面的价值得到进一步提升。

其次，中小银行要转变资产负债管理模式和方向，具体路径包括以下两个方面。

一是完善资产负债管理组织架构、流程，确保执行力度。目前，中小银行资产负债管理委员会、资产负债管理部门、业务执行部门和分支机构间的职权分布不均，导致资产负债管理缺乏有力约束，使得银行的资产和负债在

对总量、结构、利率、期限、风险和流动性的管理上不够规范、不够科学、不够精细。因此，中小银行必须强化资产负债管理模式，明确其决策程序，使其从上到下都能达到最大的效益。

二是转变资产负债经营理念，提高管理精细化程度。资产负债经营理念的转变包括两个方面，一是要从负债驱动策略转变为资产驱动策略，不过分追求规模；二是要结合自身区域特征和客户需求找准自身服务定位，形成差异化的竞争优势，不断优化资产驱动策略。

2.提高财务管理信息化水平

互联网金融时代下，财务管理信息化是中小银行提升竞争力的重要手段。因此，中小银行必须通过构建财务管理信息系统来加强对信息资源的整合，实现金融资源的优化配置，以适应时代的发展趋势。财务管理的重要部分就是资金管理，当前，"现金为王"越来越被众多企业包括中小银行视为资金管理的中心理念，资金集中化管理成为中小银行满足金融服务多元化需求的一种发展趋势。加强银行内部现金流量管理，有效巩固资金链；加强投资管理，控制投资风险；加强内部控制机制建设，强化风险管控；加强资源整合，提高整体应对能力，已成为推动中小银行发展现金管理金融服务的动力。

正是出于上述考虑，厦门银行在2020年7月上线现金管理平台，这并非一个简单的软件产品，而是一个实现银行资金管理解决方案的业务平台。该平台为该行服务集团企业客户、机构客户和平台类客户提供了全新的服务思路、有力的服务工具，极大地提高了厦门银行的财务管理信息化水平。

厦门银行现金管理系统旨在通过平台的搭建，建立起开放式现金管理产品平台，以统一的账户、收付款体系为基础，提供收付款管理、集团账户、资金归集、多级账簿、资金池（跨境资金池、委贷资金池）、行业解决方案（E招标）服务，根据不同的客户应用场景，提供专业的解决方案，并在此基础上建立重点客户现金管理门户作为现金管理平台产品投放渠道，实现客户参数化、可配置的现金管理产品服务需求。

厦门银行现金管理与传统现金管理相比有很多不同之处。

在IT能力方面，传统现金管理采用单一系统应用架构，系统没有严格的模块界线，协作成本高、业务响应慢。其单体架构会随着业务量不断地增加和扩展，同时随着组织人员的变化，业务代码也会变得越来越难以维护，并且传统现金管理系统性能低，响应时间较长，业务处理错误率较高，系统稳定性较差。厦门银行的新型现金管理系统采用微服务架构，易于开发和维护。一个微服务只会关注一个特定的业务功能，业务清晰，代码量少，开发和维护单个微服务相当简单。该系统可以根据需求，实现细粒度的扩展，其单个微服务代码量较少，所以启动比较快，系统性能高，响应时间短，业务处理错误率极低，系统稳定性好。

在业务能力方面，传统现金管理的服务产品体系范围较小，只包含账户管理、客户管理及部分流动性管理，资金归集只包含批量归集等简单模块，归集方式较为简单，而且产品功能大多应用于财资、社保基金等，不支持透支与额度管理等业务功能，最重要的是，传统现金管理方式缺乏客户资产的统一资产负债视图，不能为客户提供全量数据分析，进行投资规划及资产管理。厦门银行的新型现金管理系统的服务体系及业务功能范围有所扩大，提供包含集团管理、账户管理、流程管理、核算体系、流动性管理、投融资管理及信息服务等一体化一站式金融服务，这是一种全面的现金管理服务。其归集方式也相当丰富，它支持不同频度的信息归集，包括实时、定时、批量及相互的组合，也支持混合归集。该现金管理系统可以建立各种实体资金池，符合各类型厦门银行资金管理的需要，包含全面的内部核算系统，具有完善的规则体系，支持明细调整、虚账户内部转账等功能，能广泛应用于财政、招投标、学校、零售行业连锁店等。此外，该现金管理系统还支持法人透支管理功能，业务范围进一步扩大，可以通过统一资产负债视图，为客户提供全量数据分析，进行投资规划及资产管理。

厦门银行新型现金管理系统自上线以来，一直保持稳定运行，并通过迭代改造不断实现功能优化。截至2023年3月，厦门银行现金管理系统签约用户超过110家，累计交易笔数超过4万笔，交易金额逾6亿元，受到了客户的广泛好评。厦门银行现金管理系统包含多项金融应用场景，具体有为政企客户资金结算精细化管理提供收付款管理、多级账簿、集团资金归集、集团委贷资金池、集团跨境资金池、E招标六大功能，预期还将应用于银企直连福建省各地市产权交易中心，提供保证金自动化管理的服务及厦门银行的票据管理服务等场景。

3.打造财务管理专业化团队

财务管理创新工作的有效开展需要管理人员具备优秀的专业素养。在互联网金融时代，财务管理的专业素养对银行发展起着重要作用。中小银行打造专业的财务管理团队需要从人才引进、人才培养两个角度出发。部分核心技术岗位需要极高的专业能力，这种人才是普通的银行培训难以培养出来的，这时必须以优厚的待遇吸引金融创新人才的加入。在人才引入时要注意鉴别人才的实践能力，而非单纯以理论能力为标准，毕竟金融创新是以实践落地为准则的。同时，要加强中小银行内部的人员培训，保证财务管理人员紧跟时代政策、熟悉创新业务流程，在安排岗位时，也要充分考虑人员的具体能力水平，实现人岗匹配，真正打造一支专业化、高质量的财务管理团队。

二、中小银行内部控制管理制度创新

(一) 中小银行内部控制管理制度创新的必要性

内部控制管理制度的创新对于中小银行金融创新具有十分重要的作用，具体体现在以下三个方面。

第一，内部控制管理制度创新是中小银行金融创新稳健推进的必然要求。保证金融资产的安全性和效益性是中小银行保持竞争力的关键，这要求银行在面对不确定性大的互联网金融业务时，必须加强内部管控，优化部门设置，完善互联网金融业务相关机制和操作流程。否则，随着创新业务的不断开展，银行的风险损失会逐渐加大。

第二，内部控制管理制度创新是保障中小银行金融系统安全的基础。由于金融资产具有很强的关联性和弱专用性，并且可以实现相互转换，所以互联网金融时代下中小银行内部控制管理失效会导致其产生较大的金融风险，甚至可能引发金融危机。银行是互联网金融的重要载体，银行的稳健经营和健康发展是我国互联网金融市场安全运行的前提。

第三，内部控制管理制度创新是中小银行参与市场竞争的现实需要。伴随我国信息科技的不断开发和高新技术产业的蓬勃发展，互联网金融业务不断增长，对中小银行业务产生了很大的影响，中小银行金融创新的需求日益凸显。同时，更开放的金融市场也伴随着更严厉的金融监管，我国相关的监管政策实时更新，针对互联网金融业务的监管力度不断提升。因此，内部控制管理是否有效，是决定中小银行能否保持原有地位的重要因素。

（二）中小银行内部控制管理制度创新需求

中小银行内部控制管理制度创新需求体现在以下四个方面。

第一，中小银行内部控制管理责任需要明确划分，相关制度需要补充完善。从内部控制管理责任上看，各个部门均以自身的利益为基本原则，造成了内部控制相关职能部门之间权责不清，影响了内部控制制度的执行。从内部控制管理制度上看，部分管理环节存在制度空白，已有的内部控制制度操作性不强，很多仅停留在纸面，实际操作过程中存在很多阻碍，无法保证制度的有效执行。同时存在制度更新不及时的情况，无法满足最新的市场环境要求。

第二，中小银行内部控制管理体系需要完善，内部控制文化有待建设。在我国中小银行内部控制体系中，通常都是由监事会进行负责。但是董事会和管理层的职权较为集中的情况，使得监事会内部控制责任大部分都要被迫让位于经营发展，并且中小银行缺乏有效的内部控制文化，也没有形成完善的内部控制机制。部分银行甚至将建立内部控制规章制度与建立内部控制管理体系简单地对等起来，表面上看起来重视内部控制管理，实则忽略了真正有效的体系建设。尽管目前大多数中小银行对于金融创新内部控制问题较为关注，但实际操作中却产生了偏差，有些人认为内部控制可能会妨碍金融创新，没有意识到内部控制才是支撑金融创新的根本，这就导致了部分中小银行在扩大科技创新等贷款规模的同时，忽略了对金融创新的内部监管，导致科技创新类贷款不良率的攀升，以及管理危机的发生。

第三，中小银行内部信息共享能力有待提高，内部控制制度未能完全涵盖金融创新业务，存在"真空地带"。银行内部各职能部门的信息不完全互通，存在割裂性，这就造成了人为的阻碍，导致信息的交流效率低下。此外，一些中小银行的内部控制制度不能全部覆盖互联网金融创新的业务。

第四，中小银行内部控制管理的监管力度有限，内部控制人员配备和保障有待优化。首先，中小银行部分内部控制岗位设置需要调整，内部控制检查过程容易受到其他部门的制约，导致监督检查无法有效开展。其次，部分中小银行内部控制检查制度对互联网金融特有的风险，如技术研发、成果转化和高新技术发展等风险估计不足，内控的针对性不强，不能起到有效的监督检查作用。最后，内部控制部门的人员配置有待优化，对新业务的风险辨识能力和监管能力均较为薄弱，信息滞后和检查程序的程式化导致银行内部控制的监管和检查制度效果无法得到保障。

（三）中小银行内部控制管理制度创新路径

中小银行内部控制管理制度创新路径如下。

首先，面对内部控制管理责任需要明确划分、相关制度需要补充完善的需求，中小银行一要加强内部控制管理制度的详细构建，对内部控制体系的有效性进行动态评价，优化内部控制流程；二要推进内部控制制度、流程和操作规范化与标准化，由内部控制部门与技术部门共同构建内部控制制度体系，并对内部控制体系进行定期评估，以保证体系的完整性和及时性；三要针对一些关键的内部控制环节，如授权系统、信息系统、外包业务等，进行内部控制体系的定期评估，以保证内部控制体系的完整性和有效性；四要持续对金融创新的内部控制体系的有效性进行识别和分析。通过穿行测试，加深对作业流程的认识，验证在前期审查中了解到的控制点，以判断对流程管控设计的健全性和恰当性。通过动态评价，推动优化内部控制程序和内部控制制度，以提高银行内控层次。

其次，面对内部控制管理体系需要完善、内部控制文化有待建设的需求，中小银行需要完善内部控制管理体制框架，增强内部控制观念，形成良好的内部控制管理文化，结合银行实际业务重新修订内部控制制度，建设包含董事会、监事会、高管层、互联网金融部门、内部管控部门、内审部门的内部管控体系架构，提高内部控制意识，满足内部控制管理的需要。中小银行的金融创新要根据互联网金融的特征和自身的实际情况，形成符合行业特点的互联网金融内部控制文化，促进其不断完善，增强其内部控制效果。

再次，面对内部信息共享能力有待提高、内部控制制度未能完全涵盖金融创新业务的需求，中小银行可以借助信息化技术进行内部控制制度的建设，以提升其内部控制的效果。现有的信息滞后、形式化的审查方法严重影响着中小银行金融创新监管工作的效果。中小银行应当通过搭建信息网络来强化对其内部控制的监控与评估，将评估依据由经验转向数据，从抽样评价转变为全量评价，全面识别金融创新的相关风险，实时进行动态评价，从静态的单一分析升级为动态的综合分析，重点进行事前预防，构建一套科学化的内部控制体系。

最后，面对内部控制管理的监管力度有限、内部控制人员配备和保障有待优化的需求，中小银行为保证银行内部控制制度的实施，必须构建符合银行发展战略的内部控制制度和信息分享制度。中小银行可以设立独立的内部控制部门，制定详备的人力资源配置方案，整合各类基础管理资源，设置内部控制评价指标，把内部控制考核的成果与各业务单位的绩效和晋升有机地联系在一起。

第三节 中小银行金融创新风险控制

一、互联网金融时代下中小银行金融创新风险

互联网金融时代下，中小银行金融创新需要面临诸多风险，具体如图4-6所示。

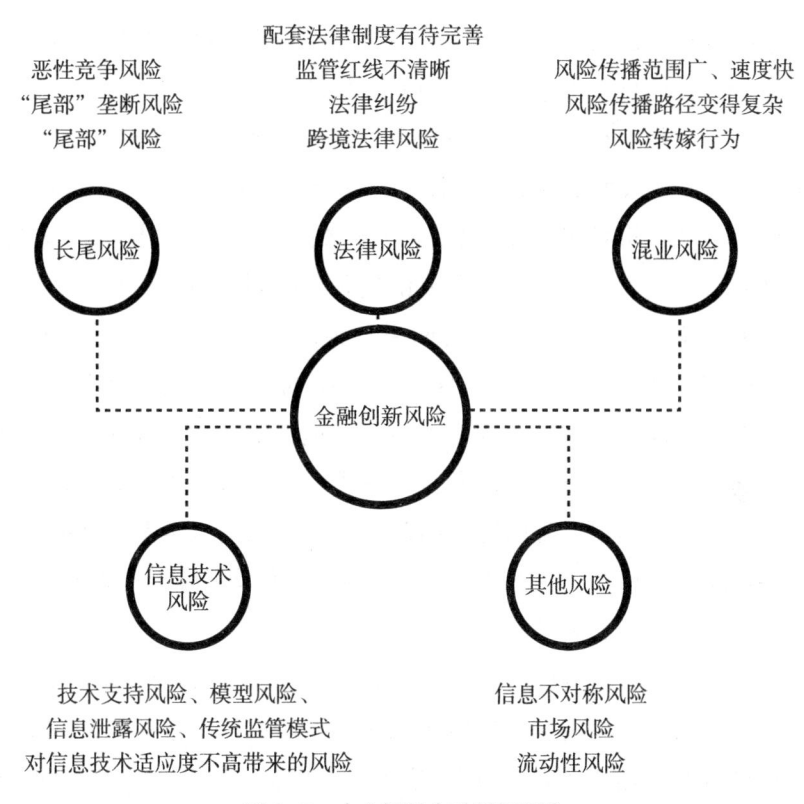

```
恶性竞争风险          配套法律制度有待完善      风险传播范围广、速度快
"尾部"垄断风险        监管红线不清晰           风险传播路径变得复杂
"尾部"风险            法律纠纷                 风险转嫁行为
                     跨境法律风险

        长尾风险              法律风险              混业风险

                         金融创新风险

        信息技术风险                          其他风险

技术支持风险、模型风险、              信息不对称风险
信息泄露风险、传统监管模式            市场风险
对信息技术适应度不高带来的风险        流动性风险
```

图 4-6　中小银行金融创新风险

（一）长尾风险

长尾理论属于互联网金融的相关理论，该理论的基本原理就是通过积累小客户来创造大市场。长尾价值重构是通过互联网平台经济，以个性化的方式激发客户的隐性需求，从而形成不同于传统模式的创新模式。长尾理论和平台经济的特点决定了中小银行在创新金融产品时，客户的定位应从客户的"质量"转向客户的"数量"，中小银行不再紧盯优质稀少的客户，而是将眼光放在小而多的尾部客户身上，这使得中小银行在竞争"尾部"市场时存在长尾风险。

首先，在"尾部"市场竞争中，中小银行金融创新存在着恶性竞争风险，互联网金融企业为了率先突破平台经济的规模"临界点"，往往会采取免费服务、高额补贴等手段。中小银行金融创新同样面临这种规模"临界点"。

目前，中小银行推出的创新产品中，不乏通过提高利率、赠送奖励等方式进行市场竞争。虽然目前中小银行之间的竞争还没有互联网金融企业之间的竞争那么激烈，但是中小银行在经济和金融领域的地位更为重要，一旦出现恶性竞争，就可能投入大量资金进行补贴，其中潜在的风险不可小觑。

其次，网络经济环境下中小银行金融创新可能带来"尾部"垄断风险。在互联网金融环境下，往往容易形成由创新竞争到"赢家通吃"和"强者恒强"的垄断局面。未来，中小银行网络金融产品也可能出现这种垄断局面。但这种垄断需要细分，有些是凭借技术、创新而形成的竞争性垄断，一旦出现新技术或新产品，原有的垄断局面就会迅速瓦解，在这种垄断竞争中，市场资源得到有效配置，消费者的利益不受损害。还有一些垄断会造成产量下降、价格上涨、福利损失等问题，因此中小银行在进行金融创新时应注意防范这种垄断风险。同时，由于这种长尾"垄断"机构及产品牵涉到大量客户，因此要防止出现无法下手处置的现象。

最后，中小银行金融创新本身也存在"尾部"风险。中小银行金融产品创新的服务对象往往是传统金融服务无法覆盖的群体。这类群体在金融市场投融资两端都存在较大风险。在投资端，这类未受传统金融覆盖的"长尾"人群往往缺乏金融知识和风险意识，风险承受能力相对较低，容易出现个体非理性、集体非理性现象。在融资端，中小银行的金融创新产品主要面向那些无法通过传统信贷审核流程进行融资的小微企业和个体工商户。这些用户自身信息不透明、无法按期偿还贷款的风险高，再加上一些新的贷款模型参数过于复杂，还没有经历完整的经济周期，在经济下行或风险触发时，有可能大幅提高中小银行的不良贷款率。

（二）法律风险

所谓法律风险，是指在互联网金融业务的开展或日常运营中，因未能达到或违背有关法律要求，引发争议、诉讼或其他法律纠纷，给中小银行带来潜在经济损失的风险。目前，我国互联网金融的配套法律制度与互联网金融的发展速度相比稍显滞后，使得我国中小银行在金融创新方面存在一定的法律风险。

互联网金融时代下中小银行金融创新的法律风险具体表现在以下四个方面。

一是当前我国互联网金融配套法律制度有待完善，对互联网金融模式下的银行创新经营行为没有明确的制度保障。与互联网金融创新相关度较高的部分法规，如中国人民银行制定的《网上银行业务管理暂行办法》等，法律层级相对较低，无法有效地指导和保障中小银行开展网络借贷、直销银行等互联网金融创新业务。

二是法律制度的监管红线不清晰。当前，许多互联网金融业务在业务边界、身份认证、风险控制等领域尚无明确规范，部分互联网企业金融创新业务及产品在起步阶段往往在监管的灰色地带游走，容易触及监管红线。这就使得中小银行面临两难选择，如果没有持续创新，会在市场上陷入不利的地位；如果继续进行创新，则存在法律后果的不确定性。例如，一些银行开展的P2P网络融资业务，尽管在法律契约中已将投资的风险划分给投资人，但因银行对借款人负有尽职调查的职责，并且披露的借款者资料不够透明，一旦发生投资风险，银行是否应该承担相应的赔偿义务尚无明确定论。

三是互联网金融时代下中小银行金融创新容易出现法律纠纷。互联网金融业务交易基本在线上进行，其对交易主体的身份认证、电子合同有效性的确认、权利与义务的确定等方面存在界定不明的情况，很可能导致法律纠纷或出现侵害主体权益的事件，增加交易成本。例如，互联网金融创新中的纯网络银行、P2P网贷等几乎不具备线下网点，交易的主要渠道是网络，银行借此开展跨区域的金融服务，当注册地以外的消费者的权益受到侵害时，注册所在地的监管部门对异地业务难以实施监管和调查，传统的建立在实体分支机构分布基础上的监管与调查模式无法发挥效力。

四是很可能存在跨境法律风险。互联网金融对地域限制的突破意味着金融服务的跨国界发展，境内银行与境外客户之间如果发生纠纷，则容易因为境内境外的法律、法规差异而产生跨境法律风险。

（三）混业风险

互联网金融时代下，金融业的发展已经呈现明显的混业特征，这种特征不仅在传统金融的银行、证券、保险业务上有所体现，而且在互联网金融的几大模式中也很明显。比如"余额宝"等产品，涉及交易支付、货币基金、银行协议存款等业务，在实际操作中不同业务对口的监管单位不同，当一项金融产品包含多项不同类型的金融业务，又分属不同的监管单位时，就会影响监管边界的清晰度，进而带来混业风险。中小银行金融创新面临的混业风险主要有三种类型：一是混业导致风险传播范围广、速度快；二是混业使风险传播路径变得复杂；三是混业带来风险转嫁行为。

混业导致风险传播范围广、速度快具体表现在中小银行与外部互联网金融企业合作提升了不同类型金融市场之间的关联度，导致原有风险隔离机制的作用被削弱，风险传播速度加快。例如，部分中小银行的付款网关与第三方支付公司建立了连接，与互联网企业合作展开贷款业务等。

混业使风险传播路径变得复杂，具体表现在中小银行金融创新拓宽了客户获取金融服务的渠道，一方面使得个人和小微企业的融资效率得到提高，另一方面促使金融与实体经济之间的关系更加密切和多元化，进而使传导链成倍增加。例如，"薪金煲"等银行产品使得货币基金内资金的流向发生变化，这些银行产品作为活期储蓄来使用，不仅影响了银行的活期储蓄业务，而且影响了货币层次的定义。

混业带来风险转嫁行为具体表现在中小银行金融创新加强了与外部互联网公司的合作，部分金融风险可能会被有意识地向外转移。例如，银行可以利用自身的信息资源，将部分可能的不良资产通过P2P等互联网金融平台进行风险转嫁等。

（四）信息技术风险

信息技术风险是指银行在进行互联网金融创新时，其各类应用系统及其所处的网络环境可能存在软硬件缺陷、系统集成缺陷、信息数据泄露等安全问题，从而产生相应的安全风险。由于在互联网金融时代，金融创新高度依赖信息技术，所以中小银行不仅要面对传统的信息技术风险，还要面对新技术、新业态带来的信息技术风险。尤其是银行包含大量的资金资源和客户信息，很容易成为被攻击的目标。中小银行金融创新面临的信息技术风险具体

第四章 互联网金融时代下中小银行金融管理模式创新

包括四种类型,即技术支持风险、模型风险、信息泄露风险及传统监管模式对信息技术适应度不高带来的风险。

首先,技术支持风险包括三种情况。一是中小银行在进行金融创新时新旧系统之间存在不兼容的风险。对于以客户为中心的金融创新来说,客户体验感是首要的,如果新旧业务无法实现连贯统一,很可能影响银行整体的信息安全。二是中小银行进行金融产品和服务的创新需要依赖外部信息系统,部分系统甚至可能来自境外,中小银行缺乏独立开发技术及知识产权,不仅需要支付较高的系统运营维护费用,还需要面对信息安全风险控制力度较小的问题。三是中小银行进行金融创新将面临信息系统可能无法完全满足金融信息安全标准的问题,例如人脸识别技术在交易支付中的应用,虽然在开发阶段可能其准确率较高,但是在实际应用中,由于涉及客户资金安全,只有较高的准确率是远远不够的,并且在开放的环境中,该技术也有被攻破篡改的风险。

其次,模型风险是指中小银行进行金融创新依赖信息技术的数据模型,通过大数据模型分析,中小银行可以发现解决金融成本和信息不对称问题的实际案例,但是在这样海量数据的应用场景之下,一些分析模型并没有经受过完整经济周期的测试,其所得结果的相关性和准确性不能得到保障,一旦模型在设定及结构中的缺陷暴露出来,就可能使银行面临巨大的技术风险和损失。

再次,信息泄露风险情况有两种。一是中小银行在与第三方互联网企业合作的过程中可能产生信息跨平台泄露问题,而通过信息技术串联起来的合作企业,如果链条上的部分点被攻破,就很可能导致整个合作链条的信息泄露;二是互联网对信息的处理具有集中性,这样虽然有助于解决信息不对称,降低信息成本,但是也容易因为很小的漏洞而导致大量信息泄露。

最后,传统监管模式以纸质票证、台账等作为监督核查的依据,而信息技术带来的中小银行金融创新模式以电子交易为主。在信息环境下,一些传统监管指标的有效性有所降低,不仅使内外部审计的难度提高,而且使事后纠正的余地也被缩小,导致补救成本增加。

（五）其他风险

除了以上四类风险，中小银行在金融创新过程中还存在其他风险，如信息不对称风险、市场风险、流动性风险等。

这里的信息不对称风险不是指一般的信息不对称。互联网技术能够很好地处理一般的信息不对称问题，但由于网络的易变性和信息量的激增，部分互联网金融产品通过借贷人的网上行为信息、交易记录、缴费记录、熟人评价等方式审查贷款人的信用等级，然而这些凭证有很大的伪造机会，容易在信用评价中出现偏差。同时，贷款人在网上上传个人信息时，还可能隐藏一些负面的资料。另外，互联网信息具有无限性、广泛性、无序性等特点，这使得人们在获得信息的过程中不可避免地会受到大量虚假信息和无用信息的困扰，这些情况都会增加信息不对称风险。

市场风险一直存在于金融活动中，随着我国利率、汇率等市场化改革的推进，更加复杂多变的市场环境得以形成，中小银行金融创新参与的市场交易越来越多，其新兴的产品和服务将面临较大的市场波动。

流动性风险是指中小银行在金融创新过程中，由于无法及时通过合理的成本获得充足资金用以满足正常业务的开展而产生的资金需求风险。银行最重要的功能就是根据需求匹配金融资源，提供金融服务。互联网金融时代，网络极大地提升了资金的流通速度和周转效率，中小银行金融创新应该高度重视流动性的问题。例如，银行推出"T+0"型的理财产品，是通过垫资实现即时、快速地赎回，所以必须做好对大额赎回的流动性管理。

二、互联网金融时代下中小银行金融创新风险控制策略

互联网金融时代下，我国银行业正朝着开放的方向不断发展。中小银行在金融理念、金融业务、金融管理等方面进行的各种金融创新中，不可避免地面临众多金融风险。中小银行只有把握互联网金融的特征，强化对金融创新的风险管理，才能有效控制上述多种金融风险。了解并掌握互联网金融模式下各类金融风险对中小银行创新有着重要意义，中小银行应该清楚地认识到唯有不断创新才能更好地规避风险，如果由于风险的客观存在而拒绝创新，那么只会因噎废食，最终被市场淘汰。互联网金融的大数据模式能够促进中

小银行对数据的有效利用。通过对海量数据的整理分析，中小银行可以增加风险的管控力度，及时发现并解决疑似的风险点。直面挑战和风险，是中小银行金融创新进程中取得胜利的有效途径。

（一）中小银行金融创新风险控制方向

风险控制在整个金融行业中占有重要地位，不管对银行还是对互联网金融企业来说，都必须具备足够的风险管理能力。面对当前我国金融下行压力加大、利率市场化深化、金融脱媒加快等形势，我国银行业在坚持稳健经营、坚守风险底线的同时，仍需积极探索新的风险控制方法。例如，利用移动互联网时代新的技术、新的风险控制思路，整合、健全和创新风险管理体系，以适应互联网金融时代对风险控制的新要求。具体来说，中小银行金融创新风险控制可以从以下三个方向进行。

首先，中小银行要转变风险管理思维。互联网金融风险与传统的金融风险相比具有明显的差异，所以必须针对互联网金融的特征，制定相应的风险管理措施。同时，在建立银行的信用评级体系时，要注意收益与风险之间的权衡，调整对风险的容忍度。

其次，中小银行在金融产品创新方面的风险控制可以借鉴互联网企业的大数据风控模式，借助网络平台，包括电商平台、社交网络平台等，进行全面数据信息收集，构建一套线下线上相融合的风险控制系统，扩大中小银行供应链金融服务。

最后，中小银行要加大对上述新型风险控制手段的扶持力度，努力推进新型风险控制技术的应用。在新的风险控制机制下，各大银行要做好人员、应急反应机制和内部审计等方面的支持工作，保证新的风险控制体系的顺利实施。具有良好的风险控制水平是中小银行在今后金融市场中占据一席之地的重要手段，因此，中小银行必须充分发挥新型风险控制技术优势，加速新型风险控制技术的外部输出和推广。

（二）中小银行金融创新风险控制具体路径

中小银行金融创新风险控制可以根据风险控制创新方向，从转变风险管理思维、构建新型风险控制系统及推进风险控制技术的推广和应用三个方面出发，如图 4-7 所示。

```
                    ┌──────────────┐
              ┌─────│ 转变风险      │
              │     │ 管理思维      │
              │     └──────────────┘
              │     转变"零容忍"的风险管理模式
              │     加强对银行金融创新风险的控制
              │     强化互联网金融特有风险的控制管理
              │
┌──────────┐  │     
│构建新型风险│──┤     
│控制系统   │  │     
└──────────┘  │
事前全方位评价和预测风险
事中对风险实时监测和决策
事后闭环处理风险
              │
              │     ┌──────────────┐
              └─────│ 推进风险控制技 │
                    │ 术的推广和应用 │
                    └──────────────┘
                    打造高质量风险管理团队
                    构建金融创新突发事件的应急响应机制
                    提高内部审计的信息化程度
                    试点"尽职免责"制度
                    进行风险控制技术推广
```

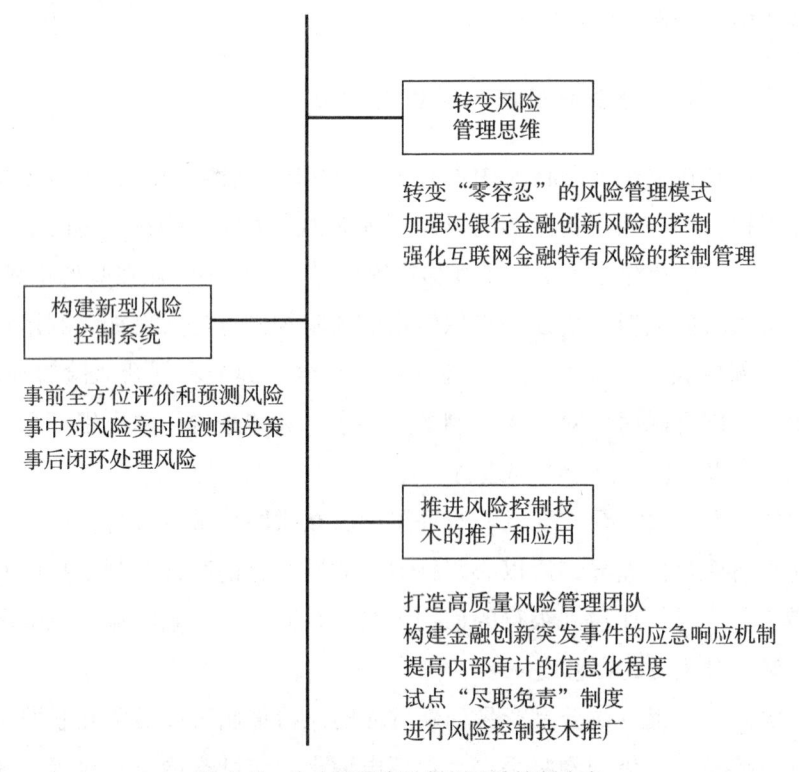

图 4-7　中小银行金融创新风险控制方向

1. 转变风险管理思维

在转变风险管理思维方面，具体路径包括以下三个方面。

一是转变目前"零容忍"的风险管理模式。传统银行都是以稳定运营为导向的，在严密的管制下，其对待风险的态度是"零容忍"，这虽然符合谨慎性原则，但也因此丧失了许多创新和竞争的机遇。互联网金融时代倡导"试错"的概念，通过对客户需求的迅速响应和不断更新的金融产品来降低失败的概率，控制潜在的创新风险。中小银行要转变对待风险的态度，在风险可控的前提下，转变现有的风险控制机制，在适当的时候进行"试错"，这就对中小银行风险管理团队的能力提出了更高的要求。

二是从深度和广度两个方面入手，加强对银行金融创新风险的控制。从深化风险控制的角度来说，目前，中小银行已按照监管的需要建立了相应的风险管理与内控体系。然而，许多制度仅仅是表面文章，只是为了应付监管，在实际应用中却无法有效地进行风险控制。中小银行必须建立实用的风险控制制度，深化制度在实际运营中的应用。从拓宽风险控制广度的角度来说，中小银行需要在风险管理条线和经营条线上建立一套双重报告制度，对业务部门进行基于风险管理的业务创新指导。同时，明确银行内部各个职能部门的风险管理职责，确保风险管理的全面覆盖。

三是强化互联网金融特有风险的控制管理。源于互联网金融风险特性与传统银行业风险特性的差异，中小银行在互联网金融时代下的创新举措需要面对一些特殊的风险，如信息系统的安全风险、内部人员的操作风险、线上流动性风险等。因此，中小银行必须加强对这些特殊风险的管理控制，在金融创新的进程中，针对特殊风险制定相应的防范措施，强化应对突发事件的能力，确保风险处于可控水平。

2.构建新型风险控制系统

在借鉴互联网企业的大数据风控模式方面，中小银行金融创新风险控制可以从中汲取相关经验，构建一套线下线上相融合的风险控制系统，扩大供应链金融服务。大数据在中小银行金融创新中的应用主要体现在反欺诈方面，依托企业级大数据平台，锻造和提升风险控制核心能力，形成覆盖中小银行金融业务事前、事中、事后全流程的风险控制系统。

在事前全方位评价和预测风险方面，互联网金融时代下，金融机构新业务、新产品不断出现，中小银行金融创新活动也需要业务未动、风险控制先行。在开展新型业务之前，中小银行可以通过大数据风控平台建立各个业务场景的风险模拟模型，提前预知新业务潜在的风险点，制定风险应对策略。

在事中对风险实时监测和决策方面，风险事件的实时监测和决策是大数据风控体系的核心应用。中小银行可以通过大数据流处理技术实时计算用户交易和操作行为的近千项指标体系，从时间、数据、计算变量三个维度刻画全面的客户画像和客户行为轨迹。大数据风控平台并发触发专家规则模型和机器学习模型，通过实时风控引擎在毫秒级下达放行、阻断、预警的处置决策。

在事后闭环处理风险方面，中小银行可以通过大数据风控平台的管控和稽查审计应用,对风险数据和关联数据进行分析,对管控风险案件和关联风险案件进行分析,并严格稽查和审计疑似风险案件,形成风险防范闭环。通过对风险案件的关联分析和挖掘,全面排查遗漏风险,并用分析结果强化风险特征,不断调整风险规则模型的参数阈值,让风险规则模型自适应优化升级。

以成都农村商业银行为例,成都农村商业银行借助大数据流处理、设备指纹、机器学习建模等技术,为行内各渠道提供实时的大数据交易反欺诈服务。

一方面,成都农村商业银行大数据风控平台通过融合内外部数据,根据设定的规则、模型及应对策略,对交易过程中可能存在的风险交易等进行遴选、甄别、预警和控制,嵌入线上线下各类业务场景,覆盖全行各大交易渠道和业务节点。另一方面,成都农村商业银行大数据风控平台提供基于交易信息、注册信息、监测规则信息、案件信息等多角度、多维度报表功能,清晰地反映业务风险全貌,供风险管理决策和模型调优参考。

基于大数据风控平台的成都农村商业银行大数据交易反欺诈系统已分批接入POS、移动收单、直销银行、网上银行、移动银行、自助设备、柜面、信贷、信用卡进件、村镇银行等各个业务渠道,有效覆盖注册、登录、开户、各类转账、境内外取现、刷卡消费、扫码支付等重要业务场景。在毫秒级实时预警交易风险和阻断欺诈交易的技术能力支撑下,该系统已累计为超过千万笔交易提供反欺诈实时监测服务,实时告警和阻拦多起虚假注册、伪卡、洗钱、盗卡盗刷、批量注册、电信诈骗、名单管控等风险事件。通过大数据交易反欺诈服务的全渠道落地,成都农村商业银行弥补了客户安全意识普遍较低的短板,有效地保护了客户的账号和资金安全;同时,有效降低了异常交易如"薅羊毛""试刷"等给银行和客户带来的损失,并且严格遵守监管要求,实时预防如"蚂蚁搬家式地下钱庄"、境外超额取现等风险。

成都农村商业银行大数据驱动风控模式的实践表明,以信息科技赋能风控体系,探索发展金融风控智能,是进一步推动风险管理创新升级的有效途径。同时,成都农村商业银行也为中小银行更加有效地构建适合自身需要的智能化风控体系提供了值得借鉴的宝贵经验。

3. 推进风险控制技术的推广和应用

在加大对新型风险控制手段的扶持力度方面,中小银行需要努力推进风险控制技术的推广和应用,具体路径包括以下五个方面。

一是打造高质量风险管理团队。由于线上供应链金融和网络融资的风险性与传统的银行通过抵押形式开展信贷业务的风险性相比有很大的不同,这就需要建立专业化的风险管理团队,以应对创新业务模式带来的金融风险。

二是构建金融创新突发事件的应急响应机制。互联网金融时代下,中小银行金融创新风险具有突发性和快速传播性,这就要求中小银行必须建立针对突发事件的应急响应机制,以应对在创新发展过程中的潜在风险。

三是提高内部审计的信息化程度。随着互联网金融时代信息化程度的不断提高,传统人工查阅报表的形式已经不能满足互联网金融内部审计的需要。为此,中小银行必须强化内部审计的信息管理,以达到防控风险的目的。

四是试点"尽职免责"制度。中小银行在金融创新的过程中,可以通过引入"尽职免责"机制,为互联网金融创新部门的业务扩展创造更多的弹性和主动性,为银行产品和服务创新提供范例和指导。

五是进行风险控制技术推广。互联网金融时代下,中小银行金融创新必然要参与到互联网金融的生态链中,与外部相关企业优势互补,这样可以实现风险控制技术推广,达成合作共赢。例如,中小银行可以向P2P网贷平台、小额贷款公司输出信用风险的识别、评估、管理技能,向第三方理财销售机构输出流动性风险管理技能等,使自身成为互联网金融生态中风险控制的主流平台。

三、互联网金融时代下中小银行金融创新风险监管策略

互联网金融时代下,中小银行金融创新面临众多金融风险。针对这些风险,中小银行除了要在内部建立相应的风险应对机制外,还要营造外部监管的基础环境,以便为中小银行金融创新提供保障,如图4-8所示。

```
                            ┌─ 对现行的互联网金融制度进行修订
              ┌─ 建立健全监管 ─┼─ 制定相关的法律法规，填补监管漏洞
              │    法律制度   ├─ 修订金融创新中的合规性问题
              │             └─ 构建中小银行金融创新进入与退出机制
              │
              │             ┌─ 强化中小银行业务规范的监管
              ├─ 加强消费者 ─┼─ 强化中小银行的信息披露监管
              │   权益保护   ├─ 建立金融争议的高效化解制度
  金融创新     │             └─ 加强消费者金融知识教育
  风险监管 ────┤
              │             ┌─ 自主研发信息系统软硬件
              ├─ 加强信息技术的 ┼─ 强化对关键技术的监管
              │  风险防范与监管 └─ 建立金融创新信息风险监控指标体系
              │
              │             ┌─ 加强对金融创新的在线监管
              ├─ 建立统计 ──┼─ 构建风险监控和预警体系
              │   监测系统   └─ 建立金融信息采集和存储平台
              │
              │             ┌─ 强化中央对金融创新的监管协调
              └─ 建立监管 ──┼─ 强化地方对金融创新的监管协调
                 协调机制    ├─ 强化对金融创新外部监管和银行自律的协调
                           └─ 强化对金融创新监管的跨境协调
```

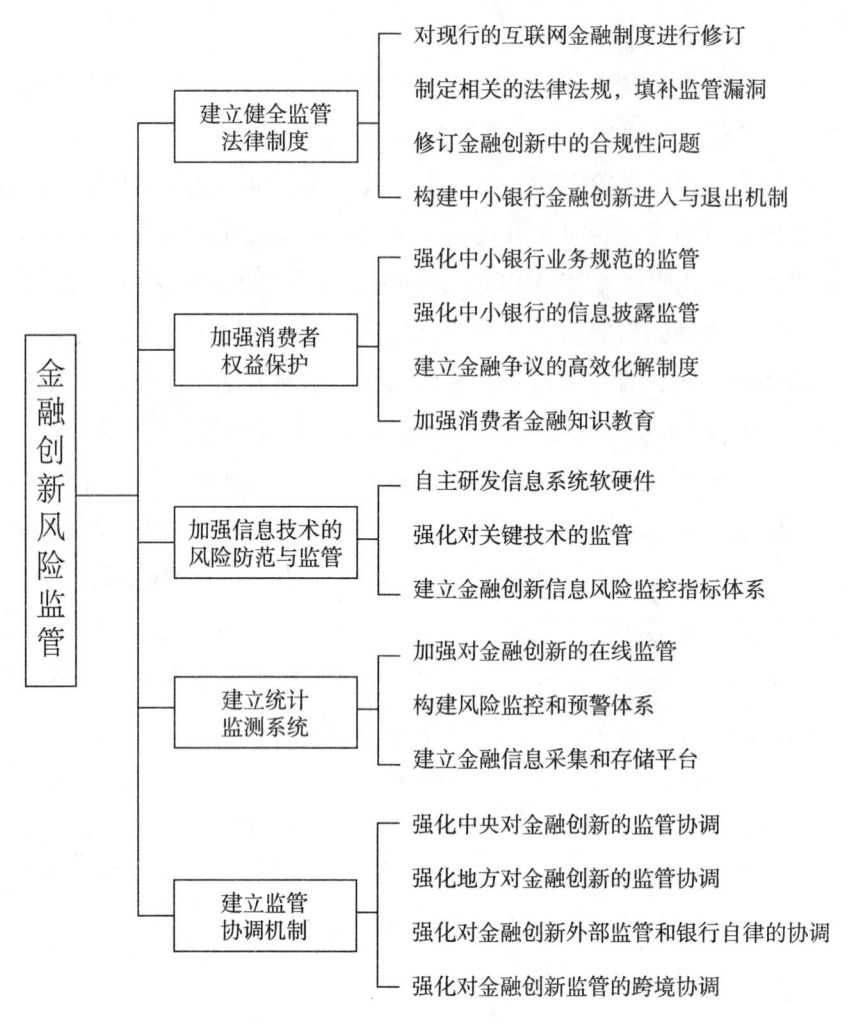

图 4-8 中小银行金融创新风险监管框架

（一）建立健全监管法律制度

在金融风险应对中，监管立法具有指导意义，一切监管都必须在法律制度的指导下进行。《中国人民银行 工业和信息化部 公安部 财政部 工商总局 法制办 银监会 证监会 保监会 国家互联网信息办公室关于互联网金融健康发展的指导意见》发布后，各金融监管部门及政府部门正在将其细化，形成部门规章，配合指导意见的顶层设计，为中小银行的创新提供了思路。关于互联网金融相关政策的制定，主要有两个方面：一是扩大现有的法律和法规，

二是制定新的法律法规来规范互联网金融行为。建立健全监管法律制度包括以下四个具体路径。

一是对现行的互联网金融制度进行修订，使各种类型的互联网金融业务的合法性得以确立。对于中小银行开展的线上金融业务，我们依据一致性原则，使其保持与线下业务监管相同，防止监管套利。

二是尽早制定与中小银行金融创新相关的法律法规，以填补目前的监管漏洞。不过在制定相关法律法规前，要对目前处于发展初期、风险较小的中小银行金融创新服务进行谨慎的观望，以避免过早出现盲目限制、管控过当的情况。

三是研究修订中小银行在金融创新中遇到的合规性问题。例如，在网上开户，目前的实名制规定需要本人面签。面签是指银行在开立人民币结算账户时，需要客户提供身份证原件，由业务办理人员核对人员与证件信息的一致性。但是，网上银行、直销银行等新兴银行由于缺少实体银行网点，无法以柜台的方式进行身份认证，所以存在合规性问题。相关部门应当根据技术发展的需要，在广泛征求业界和专业部门意见的基础上修改现行的账户制度，使具备资格的中小银行可以在网上开设账户。同时，目前网上银行在电子合同、电子签名和授权等领域也存在合规性问题。现行法规大多建立在线下业务的基础上，当业务由线下转移至线上时，缺乏业务转移的法律保障。相关部门应当密切关注电子合同、电子认证和授权技术的研究，在科学性的基础上，对其进行适当的调整，在防范风险的同时为创新预留空间。

四是构建合适的中小银行金融创新进入与退出机制。针对具有高风险性的金融创新业务，必须从经营范围、组织形式、经营条件、内部控制能力和管理人员素质等角度制定相应的规范，以避免中小银行在金融创新过程中出现盲目开展风险较大的互联网金融业务的行为。此外，还应建立健全退出机制，以促使互联网金融市场资源自然整合，竞争主体优胜劣汰。

（二）加强消费者权益保护

加强消费者权益保护是金融监管的目标之一。在中小银行金融创新的进程中，应该把消费者权利保障问题当作一种有效的监督手段。在现阶段，相关部门应当对互联网金融下的消费者权利进行具体的保护，应当建立一套专门的金融消费者权益保护法律制度，并根据当前发展趋势将互联网金融消费者权益保护纳入其中。加强消费者权益保护的具体实施路径包括以下四个方面。

一是强化中小银行业务规范的监管。各中小银行在开展金融创新时，应当制定互联网金融产品营销规范，包括操作规范、内控措施等。在运营过程中，中小银行应当遵循正确的金融观念，向客户推销与其风险承受能力相匹配的金融产品。在金融服务的提供过程中，中小银行也应给予金融消费者更多选择权。此外，中小银行可以对部分产品导入冷静期制度，允许消费者在"冷静期"内反悔。当相关业务规范或产品电子合同发生改变时，中小银行应当在正式执行之前通知客户，也可以由监管机构或者行业协会进行登记。

二是强化中小银行的信息披露监管。中小银行进行金融创新必须用普通金融消费者能够听懂的语言，清晰、全面地披露其产品细节，充分提示可能存在的风险，从而保障金融消费者的知情权。信息披露的内容应包含银行治理结构及运行模式、交易规模、客户数等业务数据及必要的财务报告、信息安全报告等。

三是建立金融争议的高效化解制度。一要构建多元的消费者纠纷调解制度，可以通过经营者投诉、行业协会投诉、金融监管部门投诉、仲裁或起诉等方式来化解纠纷。二要倡导在纠纷发生时签署仲裁协议，从而提高纠纷的处置效率。三要针对小额消费争议优化诉讼流程，通过小额诉讼程序快速解决争议。四要在金融消费纠纷举证责任设定中，对弱势群体予以特殊考虑。

四是加强消费者金融知识教育。具体而言，可以把金融教育融入我国的教育课程中，把互联网金融作为一个主要内容，在此基础上，建立以中国人民银行为主导，中国证券监督管理委员会、教育部、公安部等相关部门共同参与的金融教育体系，并运用微信、微博等社交网络平台作为知识传播媒介，披露各种金融骗局，提醒消费者注重信息安全。此外，有关部门必须要求中小银行在销售金融产品前对目标客户承担教育义务，并对其未尽教育义务、误导消费者等行为行使监管权。

（三）加强信息技术的风险防范与监管

互联网金融时代下，中小银行金融创新具有技术驱动的特点，因此中小银行需要面临信息技术缺陷带来的风险，以及伪造身份或未经授权进入系统内部查看银行内部信息的风险。所以，在中小银行金融创新的过程中，必须加强对信息技术安全的控制，具体实施路径包括以下三个方面。

一是自主研发信息系统软硬件，实现软硬件安全性的自主可控。尽管在信息技术方面，软硬件已经逐渐实现国产化，但国内主流的核心软硬件仍然以国外产品为主，如 IBM 服务器、Oracle 数据库等。由于这些产品的知识产权与核心技术属于国外，不但中小银行需要付出高昂的维护费用，而且给国内的金融系统埋下了一定的隐患。所以，在监管中小银行金融创新的进程中，应积极推动国内软硬件的自主研发，出台相关鼓励政策。

二是强化对中小银行金融创新业务涉及的关键技术的监管。当前，我国中小银行在互联网金融领域创新的技术主要包括云计算、移动互联网等。这些技术应用于金融领域后可能存在信息技术风险，中小银行需要做好充分的准备。

三是建立互联网金融创新中的信息风险监控指标体系。在中小银行金融创新的进程中，其信息技术风险管理目标与一般的金融模式的信息技术风险管理目标具有相似之处，即信息业务连续性、数据信息保密性、公众对信息服务的满意程度及信息服务的合规性等。鉴于这种情况，建立互联网金融创新中的信息风险监控指标体系具有很大的必要性。该指标体系的核心内容包括信息系统与信息科技的完备性、监控系统的覆盖率、信息安全防护的有效性、系统研发与测试的质量、灾备系统的覆盖率等。

（四）建立统计监测系统

目前，中小银行金融创新的各个维度都有互联网的参与，这不仅降低了传统现场监查方式的监管有效性，也使得违规操作更为隐秘、风险传播更为迅速。为此，相关监管部门应该构建一个网络统计监测系统，进行持续的数据采集和数据统计，从而了解整个行业的风险状况，保障银行业的健康发展，具体实施路径包括以下三个方面。

一是加强对中小银行金融创新的在线监管。以往的现场检查都是以人工为主,而检测员也利用了一些信息化的工具,但效果并不好。例如,使用Excel等信息处理工具对来自中小银行的原始数据进行计算、汇总、分析与整合,或使用预先研制的小型应用程序进行数据加工。随着互联网金融的发展,通过与系统的连接,监管部门可以得到系统、整体的业务数据,不再局限于银行主动提供的数据。与常规检测设计的数据相比,这种系统数据的规模量是一个天文数字,往往超出小型数据处理工具所能承受的范围。所以,监管部门应当在数据采集与存储平台的基础上,加强计算机自动化的非现场检查,以进行实时监管。

二是借助大数据,构建风险监控和预警体系。我国金融监管部门在金融信息资源方面具有独特的优越性,可以充分利用这些信息资源加强对中小银行金融创新所涉及的关键技术的认知与了解,实时跟踪研究这些技术的应用情况,构建以大数据为基础的金融分析与预警体系。构建这一体系需要引入数据挖掘技术,强化科研与技术交流,探索大数据技术在金融风险的评估与预警方面的实践应用,并在此基础上进行跨部门的数据分析和运用,实现数据共享,从而提升数据的使用效率及分析与预测的准确性。

三是建立实时的金融信息采集和存储平台。首先,要加强金融数据的规范化,以便完整、方便地进行数据整理。参照国际金融标准,以开展宏观分析、维护金融稳定为主要目的,将机构、客户、账户、交易等作为统计的主要对象,对不同金融业务搭建相对统一的报送格式及指标内容,建立一个层次分明、结构合理、具有扩展性的金融数据统计系统。其次,建立一个分布式的金融云储存数据库。互联网上的金融业务笔数多、频率高,需要建立一个具有较强的存储能力和错误校正能力的数据库。可以在"云技术"的基础上建立分布式数据库,制定映射规则与校验标准,对其进行定时的清理和筛选,纠正错误数据和矛盾数据,提高存储数据的质量。最后,以系统对接方式进行即时化的数据采集。监管统计平台可以尝试通过专门的端口实现对中小银行网上交易的实时反馈,同时还可以与第三方平台进行系统的对接采集数据,从而掌握互联网金融时代下中小银行金融创新的发展动向。

（五）建立监管协调机制

互联网金融具有混业经营现象，这导致中小银行创新业务也具有多种属性，而在国内现行的分业管理制度下，很难确定单一监管主体。所以，如果多个金融监管部门之间缺乏协作，就很可能造成监管重复、监管空白甚至监管矛盾，影响监管效果。因此，必须建立针对中小银行金融创新的监管协调机制。建立监管协调机制包括以下四个具体路径。

一是强化中央对中小银行金融创新的监管协调。具体是要强化中国人民银行、国家金融监督管理总局和中国证券监督管理委员会这"一行一局一会"的跨部门联合机制。当前，金融监管协调部际联席会议制度已经运行，但是由于部际联席会议成员都是平级的部级单位，并且在互联网金融业务比较错综复杂、混业经营的情况下，如果发生监管争议，协调难度较大，难以进行有效的协同，很可能出现协调内部机制"空心化"。为此，应进一步细化监管机构的职责，对监管信息的交流、政策变化、监管记录的使用、诉讼安排及合作等方面作出明确规定，促进协调机制的常态化运行。此外，要结合中小银行的实际情况，将监管范围从"一行一局一会"扩大到更多相关部门。例如，目前我国中小银行开展金融创新，有关金融监管部门要加强与工信部的协调，完善ICP许可和从事相关金融业务的备案体系；针对线上开户的身份识别技术，有关金融监管部门要加强与公安部的协调，确保认证技术的有效性和合法性；针对手机支付等网络支付技术，政府要加强与工信部、科技部的协调，推动移动通信技术与移动金融的协调发展。与此同时，有关金融监管部门还应加强与信息产业管理部门的协调，共同构建网上技术监控与分析体系。

二是强化地方对中小银行金融创新的监管协调。"一行一局一会"在各地的派出机构要与当地政府协调合作，并根据当地的金融创新特征，吸纳当地有关部门参与进来，在中央金融的原则框架内，展开对中小银行金融创新监管工作的协调合作。尤其是在目前互联网金融线上线下相结合的发展趋势下，必须强化中央与地方互联网金融监管部门的交流与分享，制定区域性金融创新的风险处置流程，控制区域金融创新风险。

三是强化对中小银行金融创新外部监管和银行自律的协调。一般情况下，金融创新早于监管的变化，所以可以在新的监管政策颁布之前，通过银行内部自我约束来确保银行业的健康发展。相对于外部监管，银行内部的监管自主性更强、更新更快。所以，在有关监管部门的指导下，中小银行在互联网金融时代进行金融创新应该充分发挥主动性，在信息安全风险、兑付风险等领域确立自律规范，并在有关部门介入前率先制定银行业的自律标准。

　　四是强化对中小银行金融创新监管的跨境协调。网络是没有边界的，互联网金融对金融的国际化起到了促进作用。伴随着中小银行金融创新的不断深入，其潜在的风险也会波及各个相关的国家和地区。因为各国的开放程度、文化程度和政治背景都不一样，所以监管形式也有所区别，如果没有一个健全的协调和监督体系，那么事后处置及消费者权益的保护就很难在国际上得到有效的解决。为此，必须强化中小银行金融创新监管的跨境协调，明确其协调主体、原则和责任分配，建立重大突发事件应急协商制度。

第五章 互联网金融时代下中小银行金融产品创新

2006年12月，原银监会（现国家金融监督管理总局）发布《商业银行金融创新指引》，其中包含对银行金融创新的定义，具体内容为：金融创新是指商业银行为适应经济发展的要求，通过引入新技术、采用新方法、开辟新市场、构建新组织，在战略决策、制度安排、机构设置、人员准备、管理模式、业务流程和金融产品等方面开展的各项新活动，最终体现为银行风险管理能力的不断提高，以及为客户提供的服务产品和服务方式的创造与更新。由此可以发现，中小银行创新金融产品需要借助新兴技术的力量，以降低成本、把控风险为目标，围绕客户需求展开一系列创新服务。鉴于此，本章节从银行金融产品的类型、技术、服务三个方面展开创新性研究，为中小银行金融产品创新提供参考。

第一节 中小银行金融产品类型创新

一、银行金融产品的特点及创新类型

（一）银行金融产品的特点

银行属于金融行业，又带有服务行业的性质，并且区别于一般服务行业，因此，银行的金融产品有其独特之处，具体包括虚拟性、易复制性、整体性及收益与风险并存性，如图5-1所示。

图5-1 银行金融产品的特点

1. 虚拟性

银行金融产品相对于普通制造业产品来说没有具体的实物形态，具有虚拟性。因此，客户在银行购买金融产品时难以从产品的外形、质量等角度进行判断，银行金融产品的质量判断往往依靠银行的信誉、品牌等无形价值。

2. 易复制性

由于银行金融产品的虚拟性，在新型产品推出后，银行无法通过申请技术专利来阻止其他银行复制该金融产品。在国内目前的金融监管环境下，银行的金融产品创新必然受到严格的金融管制，其推出的所有金融产品在合规的情况下适合于国内所有商业银行，不存在产品仅适用于开发银行的情况，因此很容易被其他银行复制并产生市场竞争。

3. 整体性

客户在银行购买金融产品，购买的不仅是产品本身，还包括该产品配套的相关金融服务。在购买前，客户不仅关注产品本身的收益，还十分注重提供该金融产品的银行品牌价值和服务价值。因此，银行的金融产品是产品和服务的一个整体。

4. 收益与风险并存性

一般而言，客户购买银行金融产品是为了实现资产的保值增值，抵抗通货膨胀带来的货币贬值，但是所有的投资都是伴随着风险的，收益与风险通常呈现正相关关系，金融产品的收益越高，其风险就越大。以银行理财产品为例，客户购买理财产品看重的是其比一般存款较高的收益率，但是这种高收益伴随着银行不能按期支付本金和利息的风险，对本金的保障程度也不如一般存款业务。如果选择一般存款业务，那么虽然风险相对较小，但是收益也微乎其微，根本无法抵御通货膨胀带来的资金损失。

（二）银行金融产品创新类型

银行金融产品创新不仅指开发全新的金融产品，还包括在原有金融产品的基础上进行改良创新，即基于已有产品从很多角度细化拆解，组合出新的金融产品。具体而言，银行金融产品创新类型包括四种，即创造型、改良型、组合型及复制型。

1. 创造型

创造型金融创新产品是指银行从零出发，创造出一种全新的金融产品。这是所有创新产品类型中研发难度最高的一种，出现的概率也是最小的。银行开发创造型金融创新产品需要具备强大的资本支持、先进的技术力量及优秀的专业人才，这三样缺一不可。该过程不仅研发成本巨大，研发失败的概率也相对较高，从而导致银行承担的研发风险较高；即便研发成功后产品进入市场，也会面临一定的合规性监管风险和被复制的风险。

2. 改良型

改良型金融创新产品是指银行在现有金融产品的基础上，对部分产品属性进行创新，既保留了原有产品的底层架构，不需要付出大量的研发成本，又对原有金融产品进行了升级，创造出一个新的金融产品。改良型金融创新产品具有一定的创新性，容易给客户带来全新的感受，促进销售额的提升，其在市场上的占有比率是比较高的。

3. 组合型

组合型金融创新产品是指将两种或两种以上的金融产品进行拆分并组合成一个新的金融产品。这种拆分组合可以在本银行原有金融产品的基础上进行，也可以借鉴其他银行的优质金融产品，将可以利用的因素拆分并将其与自身的金融产品组合成一个全新的金融产品。

4. 复制型

复制型金融创新产品是指直接将其他银行推出并取得良好市场反馈的优质金融产品拿来，参照其产品结构和特点复制出一个具有本银行特色的基本相同的金融产品。这种金融产品创新方式的成本是最小的，在市场上出现的概率很大。

二、中小银行特色金融业务创新

（一）特色金融业务发展方向

我国经济发展已经从高速增长阶段迈入高质量发展阶段，金融市场供需矛盾日益显现，银行作为实体经济的重要支撑行业，其发展也面临多重挑战。

目前，银行业市场已经形成了多元化的竞争格局，面对大型商业银行的雄厚实力，中小银行要想保住市场地位、提高竞争力，就必须形成自身独特的差异化竞争优势。我国中小银行遍布全国各地，不同区域的经济发展方向各有区别，银行业特色化和差异化已经成为全新的发展趋势，中小银行必须结合自身实际情况明确经营业务的定位，实施带有区域特色的经营策略。国家也出台了众多相关政策指引银行开展金融业务的特色化经营（如表5-1所示）。

表5-1　银行开展特色金融业务的相关政策

序号	年份	发布机构	政策文件
1	2012	中国银行业监督管理委员会（现为国家金融监督管理总局）	《中资商业银行专营机构监管指引》
2	2012	中国银行业监督管理委员会（现为国家金融监督管理总局）	《绿色信贷指引》
3	2016	中国人民银行、中国银行业监督管理委员会（现为国家金融监督管理总局）	《中国人民银行　银监会关于加大对新消费领域金融支持的指导意见》
4	2017	中国银行业监督管理委员会（现为国家金融监督管理总局）	《网络借贷资金存管业务指引》
5	2019	中国银行保险监督管理委员会（现为国家金融监督管理总局）	《中国银保监会关于推动银行业和保险业高质量发展的指导意见》

目前，银行的特色金融业务达20多种，其中小微金融、普惠金融、绿色金融和科技金融是中小银行较为流行的特色业务，也有部分银行将其业务定位为文化金融、供应链金融等，还有一些小众的金融业务，如汽车金融、商贸物流金融、产业金融、养老金融等特色金融业务也成为银行实施差异化经营策略的选择方向。

中小银行中，股份制商业银行要坚持差异化市场定位，实现特色化经营，形成具有比较优势的业务模式，不断提升核心竞争力。地方中小银行要增强金融服务能力，合理确定经营半径，服务地方经济、小微企业和城乡居民。中小银行在支持地方经济、支持小微企业和落实国家普惠金融战略等层面具有不可替代的作用和地位，在特色金融业务方面的发展主要体现为以小微金融、科技金融和文化金融为主。

（二）中小银行特色金融业务创新实践

针对多种金融特色业务，不同区域和类型的中小银行都有一些创新的实践，形成了中小银行多元化、差异化的竞争格局。下面介绍八种主要的特色金融业务，如图5-2所示。

中小银行特色金融业务
- 绿色金融业务
- 科技金融业务
- 普惠金融业务
- 跨境金融业务
- 供应链金融业务
- 汽车金融业务
- 养老金融业务
- 文化金融业务

图5-2 中小银行特色金融业务

1. 绿色金融业务

绿色金融是一种为应对气候变化、支持环境改善、提高资源利用效率而开展的经济活动，主要为节能、环保、清洁能源、建筑、交通等领域的项目运营、投资融资、风险管理等方面提供金融服务。绿色金融能够推动环保与治理，将高污染、高能耗产业的资源导向观念先进、技术先进的产业。目前，我国在信贷、债券、基金等领域都提供了政策支持，为中小银行开展绿色金融业务保驾护航。

以兴业银行为例，兴业银行是较早在绿色金融领域布局的中小银行。该银行早在2008年就加入了"赤道原则"，率先将可持续发展理念融入银行发展战略和治理层面，构建起多层次、集团化、综合性的绿色金融产品和服务体系。在绿色信贷方面，兴业银行持续加强产品创新，推出"环保贷""绿创贷""绿票通""节水贷"等产品与服务，助力企业实现绿色转型。兴业银行年报数据显示，截至2022年底，兴业银行绿色金融融资余额为16 297.60亿元，较2021年增长17.53%，其中绿色融资余额超500亿元的一级分行达9家；人行口径绿色贷款余额为6 370.72亿元，较2021年增长40.34%。目前，兴业银行人行口径绿色贷款加权利率为4.47%，不良贷款率为0.25%，已获审批的碳减排支持工具优惠资金达265.63亿元。

2021年，兴业银行W分行形成了涵盖绿色融资、绿色租赁等多门类的集团化绿色金融产品和服务体系，在绿色金融领域先行先试、大胆创新，走出了一条业内领先的绿色金融发展之路。该分行配备绿色金融专营团队，已开办的绿色金融业务覆盖低碳经济、循环经济、生态经济三大领域，涉及能源、建筑等行业，重点支持污水处理、水域治理等项目，既有面向企业客户的绿色信贷、绿色租赁等门类齐全、品种丰富的绿色产品和服务，也有面向个人客户的低碳主题信用卡、绿色按揭贷等个人绿色金融服务。该分行积极践行绿色发展理念，丰富绿色信贷产品，为经济社会发展提供金融动力；落地"绿票通"等创新业务，有效满足更加多元化的金融服务需求；积极发挥三方优势，融汇股债特点，撬动社会资本，成为降低客户融资成本、服务各地绿色低碳经济发展的有力工具。此外，该分行还通过总行研发的绿色金融业务"点绿成金"系统，将金融科技与绿色金融业务需求相融合，通过在信用审核、业务属性认定等领域的创新应用，大大提升了银行在绿色金融领域对企业的服务效率。

以贵州银行为例，"大力发展绿色金融、打造绿色银行品牌"是贵州银行的重要发展战略。2020年，贵州银行发布《贵州银行绿色金融战略规划（2021—2025）》，该规划重点完善了贵州银行的绿色金融顶层设计，建立健全贵州银行绿色信贷制度体系，并宣布采纳"赤道原则"。贵州银行不断创新绿色金融相关产品，成功推出绿色建筑贷款、生态环境基础设施贷款和传统能源清洁项目绿色融资方案等绿色信贷产品与服务，进一步打造绿色金融产品服务体系。其年报数据显示，截至 2022 年底，贵州银行绿色贷款余额为 466.30 亿元，增幅为 33.34%。其中，对公绿色贷款余额为 464.20 亿元，占对公贷款比重为 21.52%。

2. 科技金融业务

科技金融是指借助创新科技投入金融的方式，引导和推动证券业、银行业、保险业等资本向创新金融产品、改进服务模式、搭建服务平台方面流动，以实现科技创新链条与金融资本链条的有机结合，为处于从初创期到成熟期各发展阶段的科技企业提供金融资源支持的一系列战略和制度的统筹计划。强化科技与金融之间的相互融合，既能促进科技的发展，又能促进金融创新，还能充分发挥金融业对实体经济的支撑作用。

以北京银行为例，在众多中小银行中，北京银行是拓展科技金融较早的金融机构。2001 年，北京银行设立科技型中小企业专营支行，2011 年设立分行级金融机构——北京银行中关村分行，成为国内科技金融领域的先行者。目前，北京银行科技特色支行达到 23 家。北京银行大力发展科技金融，全面推进机构专营化、合作平台化、渠道线上化建设，科技金融贷款取得快速发展。北京银行的年报数据显示，截至 2022 年底，北京银行科技金融贷款余额为 1 947.70 亿元，较年初增长 23.35%；累计服务北京市"专精特新"企业 2 600 家。

以杭州银行为例，杭州银行着力构建行研、客户、渠道、产品、风控、队伍六大标准化体系，持续丰富和发展科技文创金融品牌内涵，聚焦创投合作、投贷联动、人才银行等关键领域，积极探索科技文创金融的数字赋能。一是聚焦资本市场发展，围绕"起飞计划"，组织推进科创板主动授信与营销访客，并加大对医疗健康行业的支持力度。杭州银行的年报数据显示，2022 年底，杭州银行累计服务科创企业超 1 万户，经营区域内科创板上市公司合作覆盖率达 40% 左右，居于行业前列；科创企业融资敞口余额为 480.95 亿元。二是深化科技文创金融"6+1"产品体系创新迭代，推出线上化信贷产品"创新积分贷"，并开发"科易贷"标准版小额线上化信用贷款产品。三是推进科技文创金融数字化建设，提升精准营销能力，通过不断完善科技文创数据库建设，在营销、风险、运营等方面开展数据智能化应用，强化数字化经营能力。杭州银行年报数据显示，截至2022年底，科技文创金融表内贷款余额为402.55亿元，较2021年底增加96.06亿元，不良贷款率为0.77%，资产质量保持良好水平。

3. 普惠金融业务

普惠金融是世界各国在全球范围内不断探索的结果，为尽快实现"消除饥饿和贫困"的目标，联合国将2005年定为"全球小额信贷年"，并第一次提出了普惠金融的定义：普惠金融是一个可以高效率、系统性地为社会所有群体与阶层提供服务的金融体系，特别是为大多数被正规金融体系放弃的经济收入低及贫困的人口提供服务。我国在引入这一概念的时候，最初翻译为"包容性金融体系"，后逐渐根据我国语言理解将其翻译成"普惠金融体系"，最终在党的十八届三中全会上一锤定音，鼓励发展普惠金融。中小银行普惠金融业务产品创新应从以下四个角度出发。

一是扶持中小微企业发展。中小银行需要确立清晰的目标，秉承自身传统，并结合本地市场，开发特有的业务，扶持中小微企业发展，促进地方经济发展。在发展普惠金融的过程中，中小银行需要对中小微企业的需求市场做好调研，只有真正了解其需求，才能更好地对其进行帮扶。这就要求中小银行以客户为本，持续优化信贷服务，建立全新的融资体系，根据当前中小微企业的需求，推出新产品，如多户联保、存贷抵押等。中小银行可以对当前的中小微企业进行专业化管理，不断提升服务质量，推行限时办结制，以解决相关流程烦琐的问题，让中小微企业能够在第一时间获得所需资金，为其创造更多的便利条件。

二是扶助"三农"。中小银行要进一步完善农村金融服务体系，坚持"三农"的主体地位，拓宽服务渠道，多管齐下，加强自身的基础建设。在发展的同时，不能一味地追求速度，既要快，又要有"质"。首先，中小银行要进行实地考察，并结合地方需要，制定相关的管理办法。在业务手续费方面，可以举办专业培训来提高农金员的水平，让他们更好地理解"三农"需求，提高其工作热情和服务质量。其次，中小银行要加快站点建设，根据当地的实际情况，建立相应的服务站和宣传站，让农户更好地了解业务政策。最后，中小银行要利用其他主题活动，加强农金员与农户的联系，建立信任感，保证后续经营活动的顺利进行。

三是开发满足多样化需求的金融产品。目前，市场上针对小微企业的信贷产品占比相对偏低且产品同质化现象突出，这主要是由于小微企业无法提供充足的抵押品，银行为了降低信贷风险而缺少专门针对小微企业的大众化金融产品种类。因此，中小银行普惠金融产品创新可以对小微企业的经营特点、融资状况、行业发展等问题进行系统化分析，针对不同的需求采取不同的方案，同时可以根据其生命周期，设计不同的经营现金流产品。

四是设计个性化普惠金融产品。"三农"、中小微企业都想要尽快获取所需贷款，但"三农"客户的放款速度较慢，需要对相关的业务流程进行优化，通过下放权力基层来获取更多的权力，在审批权限下放的同时优化流程，缩短审批时间，优化审批环节，这样可以优化放款流程，提高客户获得所需资金的速度。中小微企业贷款方面，可以根据中小微企业的特征，调整还款方式，改进贷款模式，采用额度循环的方式节省开支、降低成本。另外，中小银行可以根据国家的要求，加大扶贫力度，开发更多的新产品，这样在满足不同客户需要的同时，也有助于达到共同富裕的目的。中小银行还可以根据当地的实际情况，对特色产品进行大力宣传，形成标志性产品。

以招商银行为例，招商银行于2018年正式成立普惠金融服务中心，建立起普惠金融服务的"五专"经营机制，即专门的综合服务机制、专门的统计核算机制、专门的风险管理机制、专门的资源配置和专门的差异化考核评价，全力支持普惠业务的开展。在产品条线，招商银行创设了多款有针对性的普惠金融系列产品，如针对有房客户的小微企业抵押贷、小微企业配套贷，针对小微客户物流、信息流和资金流等"有数"客户的小微企业POS商户贷、小微企业供销流量贷等，充分满足小微客户的各类贷款需求。招商银行还推出了面向小微企业的特色应用软件——Z贷APP，Z贷APP针对小微企业贷款审批进度不透明等痛点，整合了招商银行零售信贷线上线下产品，为小微企业客户提供全流程一站式线上服务，以及一对一专属客户经理在线咨询服务等一系列综合金融服务。招商银行年报数据显示，截至2022年底，招商银行普惠型小微贷款余额为5 306.50亿元，位列全部股份行第一位，占全部贷款比重达10.55%。

以苏州银行为例，苏州银行专注于"服务中小、服务市民、服务区域经济社会发展"的市场定位，着力打造特色普惠金融业务。在组织机制方面，苏州银行早在 2012 年便成立了小微金融事业部，2019 年正式设立普惠金融事业部，通过调整优化小微企业支持政策、提升考核权重等手段激发内生动力，进一步健全普惠小微服务体系。在产品结构方面，早期苏州银行通过引进德国小微企业贷款的理念与技术，打造出无抵押信贷系列产品，有效填补了小企业、小公司、小摊主、小个体工商户"四小群体"金融服务中存在的金融真空。当前，苏州银行与地市政府积极开展业务合作，推出税银时代、征信贷等多款普惠小微贷款产品。在方法策略方面，针对小微企业融资过程中的信息不对称等痛点问题，苏州银行结合本地特色，形成了"到户调查、眼见为实、自编报表、交叉检验、四方关注、三面掌握"的小微企业审查方式，通过信贷人员实地走访，更加积极主动地为小微企业提供服务。苏州银行年报数据显示，截至 2022 年年底，苏州银行普惠型小微贷款余额为 369.18 亿元，占全部总贷款的比重达 19.62%，位列全部上市城市商业银行第二位。

4. 跨境金融业务

跨境金融业务主要在外贸业务较多的区域性中小银行中进行，如上海等城市。中小银行开展跨境业务主要服务于当地经济发展，有利于区域外贸业务的全面推进。具体的创新方向需要结合具体的对外业务和地区特征进行。

以上海银行为例，上海银行以"科技赋能"为契机，不断通过产品创新、业务联动等方式大力发展跨境金融业务。一方面，上海银行依托科技创新，积极推动跨境业务数字化转型，有效提升服务效率，优化客户体验。另一方面，上海银行持续以自贸新片区金融服务创新为抓手，加速对接跨境电商等贸易新业态客户，推进服务便利化，促进跨境金融发展。上海银行年报数据显示，截至 2022 年底，上海银行自贸分账核算单元项下累计已开立自由贸易账户 6 966 户，较 2021 年底增长 5.31%；外汇企业日均存款 144.77 亿美元，同比增长 16.15%；当年实现国际结算量 1 547.28 亿美元，同比增长 3.82%。

以哈尔滨银行为例，对俄罗斯的金融业务是其重点战略之一。2020 年，哈尔滨银行加强与俄罗斯金融机构的战略合作，签订了数个合作协议，有效支持中俄贸易往来，助力黑龙江自贸试验区发展。哈尔滨银行年报数据显示，截至 2022 年底，哈尔滨银行对俄银行同业授信总额折合人民币约 80 亿元，拥有俄罗斯账户行24家，对俄本外币清结算网络覆盖俄罗斯全境，在中俄金融合作发展中起到了重要作用。

5.供应链金融业务

2020年9月，中国人民银行联合有关部门发布《中国人民银行 工业和信息化部 司法部 商务部 国资委 市场监管总局 银保监会 外汇局关于规范发展供应链金融、支持供应链产业链稳定循环和优化升级的意见》，该意见首次明确了供应链金融的内涵：供应链金融是指从供应链产业链整体出发，运用金融科技手段，整合物流、资金流、信息流等信息，在真实交易背景下，构建供应链中占主导地位的核心企业与上下游企业一体化的金融供给体系和风险评估体系，提供系统性的金融解决方案，以快速响应产业链上企业的结算、融资、财务管理等综合需求，降低企业成本，提升产业链各方价值。供应链金融的本质是基于对供应链的结构特点、交易细节的把握，借助核心企业的信用实力或单笔交易的自偿程度与货物流通价值，为供应链单个企业或上下游多个企业提供全面金融服务。

基于供应链金融的内涵，众多中小银行都加大了对金融电子商务平台的建设投入力度。在互联网金融时代，电子商务已经发展到一个相对成熟的阶段，市场竞争格局开始保持稳定的局面。目前，众多银行推进电子商务建设的根本目的是希望通过电子商务平台服务，提升本银行的客户黏性，利用银行已有的金融服务系统，在电子商务的上下游关系中进行数据信息整合，将信贷、支付等银行增值服务嵌入电子商务平台中。

以平安银行为例，平安银行深入行业产业链全景，不断创新场景业务模式，以供应链金融为纽带，全面集成交易银行产品与服务，持续提升"供应链+"的组合拳能力，满足企业供应链金融越发多元化的需求。平安银行建立了"供应链+普惠"的一体化经营模式，批量获取"1""N""n"客户（核心企业、核心企业子公司、供应商/经销商），打破核心企业强依赖困境，建立新型供应链模型，有效帮助中小企业解决融资难、融资贵问题。同时，平安银行运用互联网、云计算、区块链、人工智能等技术对供应链金融平台"PA好链"进行持续升级优化。"PA好链"平台针对核心企业及其上游中小微企业，提供线上供应链金融平台业务，涵盖应收账款确认及转让、融资、结算、风险管理等服务，实现供应链业务的智能化、数字化经营。平安银行年报数据显示，截至2022年底，平台已上线客户13152户，其中，核心企业1550户，供应商11602户；2022年平台年内交易量达827.15亿元，同比增长143.00%，融资额为319.33亿元，同比增长234.60%。

以中原银行为例，中原银行以大中型客户供应链需求为出发点，选择具有天然"供应链属性"的交易银行基础产品反向保理作为突破口，打造了服务于大中型企业上下游、平台化、线上化运营的新产品"Ye链"。该产品由中原银行借助区块链、大数据、人工智能等金融科技，通过企业网银、银企直联、供应链金融系统及第三方金融科技平台等渠道，针对特定核心企业供应链内上游中小微企业，提供线上应收账款转让及管理、反向保理等服务，着力解决产业链上下游中小企业融资难、融资贵的问题。"Ye链"引入了AI、人脸识别、电子签约等金融科技手段，可提供从移动端资产采集、全线上化运营到自动化风险管理、穿透式资产管理等一站式供应链金融服务，通过整合多方数据与资源，真正实现了资产客户端、资金渠道端在全开放式平台端的无缝对接。

6.汽车金融业务

汽车金融是在汽车生产、流通、消费等方面的资金融通活动，包括融资、抵押贴现、证券发行与交易、信贷运用、相关保险活动等。汽车金融是汽车业与金融业融合发展的必然产物，汽车金融的内涵随着汽车金融业务范围的拓展而不断丰富。提供汽车金融业务的机构与汽车制造商和经销商之间有着天然的关系，可以提供包括汽车生产、流通、消费等多方面的金融服务。

以中信银行为例，中信银行自2000年起开始开展汽车金融业务，现已将汽车金融打造成对公业务领域内的明星产品。当前，中信银行在汽车金融领域已构建起贯穿"整车制造、零部件制造、租赁与销售"各个关节，整合支付结算、贸易融资、现金管理、资产托管四大服务领域，覆盖汽车产业链上下游直至终端消费者的专业化服务平台。中信银行在进一步夯实乘用车市场领先优势的基础上，下一步将加强拓展商用车、新能源汽车等领域，积极开拓二手车市场，整合内外部资源，丰富与同业机构的合作，打造汽车人联盟，实现从产业链向车生态的延伸。中信银行年报数据显示，截至2022年底，中信银行汽车金融业务合作品牌已达 60 余个，业务合作客户为 5 051 户，较 2021 年底新增 901 户；汽车金融融资余额为 1 466.14 亿元，较 2021 年底增长 39.70%；逾期垫款率仅为 0.01%，资产质量保持良好。

以兴业银行为例，兴业银行于 2018 年推出"X 车融"汽车金融平台，并于 2020 年进行第二代升级改造。第二代"X 车融"平台具有新生态、新服务、新技术三个特色，新生态即在原本支持的核心企业、下游经销商、集团所属金融机构三种客群的基础上，新增支持上游供应商与终端消费两种客群，扩大平台业务范围；新服务即在原本互联网化服务、开放银行服务、秒贷秒还服务等特色服务的基础上新增了"X 易连"上游服务、一体化开票服务、预付款资金结算服务等，为客户提供更高效便捷的融资服务；新技术则是应用了 AI、发票验真等技术，进一步提升了系统处理效率和稳定性。兴业银行年报数据显示，2022 年兴业银行汽车金融客户数达 10428 户，同比增速再创新高，融资余额为 2152.38 亿元，较 2021 年增长 98.35 亿元，日均存款余额为 1342.02 亿元，较 2021 年增加 233.84 亿元。

7. 养老金融业务

养老金融是一个概念体系，具体指围绕着社会成员的各种养老需求及应对老龄化社会的挑战所进行的金融活动的总和。养老金融体系包括养老金金融、养老服务金融和养老产业金融三个方面，如图 5-3 所示。

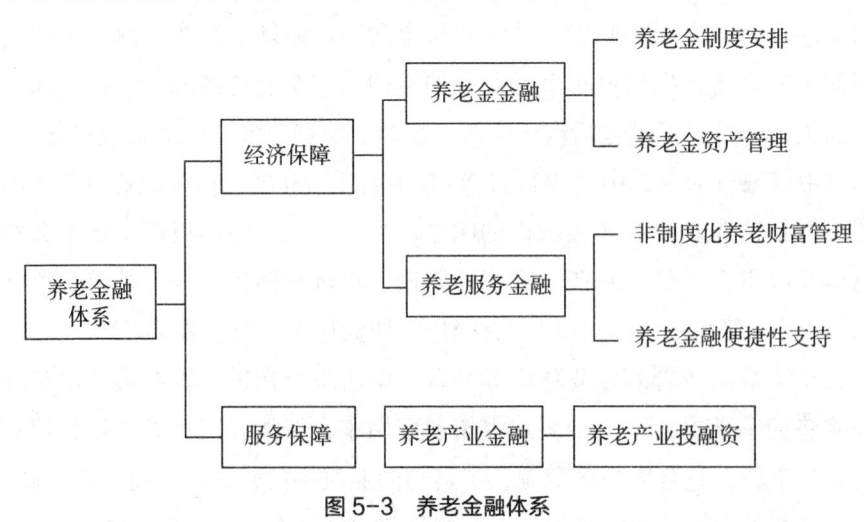

图 5-3　养老金融体系

我国已有中小银行开展特色养老金融业务，以中信银行为例，中信银行重视养老金融发展，加强养老金融布局，打造了"幸福1+6"老年群体服务体系。2022年，该银行养老金融托管规模突破2 000亿元，其中企业年金托管规模首破千亿元，规模达1 115亿元。中信银行升级推出"幸福1+6"老年群体服务体系，以中老年客户为目标客群，重点围绕医（健康银行）、享（网点三公里的商超满减）、学（老年大学）和游（老年出行）四大场景，打造了慢病管理、幸福三公里商超优惠、幸福专线及老年课程等特色养老金融服务，形成"幸福+财富""幸福+健康""幸福+学院""幸福+优惠""幸福+舞台""幸福+出游"六大老年客群服务板块，大力推动养老金融发展。中信银行年报数据显示，截至2022年底，中信银行老年客户达到1600.86万户，对应管理资产余额达1.28万亿元，较2021年底增长12.64%。

8.文化金融业务

文化金融是一种新型的金融业务形式，其内涵并非将文化产业与金融业简单结合，而是由在文化资源的资产化、产业化发展过程中催生出的理论创新体系、文化资源金融化过程与运作体系、以文化价值链为核心的产业形态体系及服务与支持体系等构成系统活动过程的总和。

发展文化金融是一项具有战略意义的重大举措，是国内外发展大背景下的必然选择。我国的经济环境和产业结构的调整给我国的文化金融发展留下了很大的空间。当前，我国正处于消费结构的快速转换时期，文化消费是一个重大的转型方向。文化资源的开发与利用和传统的物理性资源是不同的，其开发程度愈高，发展的程度愈高，发展价值就愈高，并且不但不会对环境产生负面影响，反而会让环境变得更加亲切、友善，这是区分文化资源与一般资源的一个重要因素，也是新时代经济转型的一个先决条件。

中小银行开展文化金融业务要切实把握文化金融产业发展的本质规律，提前研究和预判其发展过程中将会面临的重要问题。文化金融业是在发现价值与整合价值、实现价值的节点上找到了文化与金融的关键联结。因此，金融与文化的结合，要发掘和保护文化的内在价值，防止强势资金或强势运作对文化造成的伤害，要强调尊重文化资源的特性及其内在的发展规律，重视保存文化资源价值的完整性。

我国已有中小银行在文化金融领域展开实践，以北京银行为例，北京银行持续打造文化金融特色发展品牌，成立文化金融服务专营机构。2022年，北京银行持续推动文化金融服务重心下沉，致力于打通文化金融服务"最后一公里"，全行文创特色支行达到38家。北京银行推进与文化企业战略合作，推出文化产业园区专属金融方案等特色文化金融产品，提升文化金融产品的适用性。北京银行年报数据显示，截至2022年底，北京银行文化金融贷款余额为675亿元，较年初增长36亿元。

三、中小银行具体金融业务产品创新

中小银行的金融产品可以根据业务类型分为四种，即存款业务产品、贷款业务产品、金融衍生产品及中间业务产品。每种业务类型的产品进行金融创新的具体路径如下。

（一）存款业务产品创新

中小银行为了吸收客户存款、提高银行资金存量，需要对存款业务产品进行创新，拓展存款业务的经营方式、提升业务的技术含量，扩大存款业务的经营范围，特别重要的一点是要加大科技的投入，合理引导客户资金流向银行。中小银行创新存款业务产品可以从客户定位差异、计息方式、付息方式及定期存款转让四个角度进行。

从客户定位差异角度创新存款业务产品是指针对不同客户群体推出不同类型存款产品，实现精准营销。例如，一般银行的存款业务对于提前支取会采取活期计息方式，使客户损失很大部分的利息。对此，中小银行可以针对一些大额存款业务的客户推出支持提前支取、转让、按月付息的大额存单产品。另外，对于存款期限明确的大额客户，中小银行可以专门定制特定期限、特定利率来吸纳存款，例如，某项工程款预计八个月后需要支取，银行目前暂无八月期限的存款产品，而客户如果选择按月付息或者活期储蓄则利率太低，此时针对这笔大额存款银行可以推出一对一的存款产品，比如在按月付息和按年付息的利率中间找一个折中点，为该笔大额存款量身打造一款存款业务产品，以满足客户的个性化需求。

从计息方式角度创新存款业务产品是指客户在购买存款业务产品后，根据客户支取存款的时间分档计算利息。已有的计息方式是假如一年期存款业务产品按照2%的年利率计算利息，如果提前支取，则会按照活期利率0.3%来计算利息，这种计息方式增加了客户提前支取的成本，有利于银行资金配置优化。但这种计息方式会导致部分客户担心未来某项资金有特定用途，如果购买该存款业务，那么一旦提前支取就会按照活期储蓄利率计息，因此选择放弃购买银行存款金融产品。针对这种情况，中小银行金融创新可以进一步细化计息层次，不再采用一刀切的方式对不满存款期限的产品全部按照活期利率来计算，可以分为不同期限和档次，比如按照季度或月度分层次来计算利息，即使客户提前支取存款，最多损失一个季度或一个月度的利息，从而提高客户的储蓄率。

从付息方式角度创新存款业务产品是指在客户购买存款业务产品后，不再采用到期付息的方式，而是按季付息、按月付息，甚至可以提前支取利息。对于客户而言，每个月都能收到银行支付的利息。根据货币的时间价值理论，提前支付的利息价值更高，客户可以将这些利息再一次存入银行，利用复利模式提高收益。

从定期存款转让角度创新存款业务产品是指将客户的定期存款收益权转让给第三方机构，从而获得高于普通定期存款的收益。通常定期存款收益高于活期存款，但流动性较差。2018年，一些互联网银行推出了定期存款转让产品，这种产品既拥有比定期存款较高的收益率，又具有随存随取的灵活性。如果客户提前支取存款，就会将对应的定期存款收益权转让给合作金融机构，从而获得较高的"提前支取利率"。这类创新型现金管理产品均对应3年或5年定期存款，在到期日之前，客户可随时提前支取。一般来说，定期存款若是没有存满期限，就会按照活期存款利率计算利息。因此，部分银行为了达到吸收存款的目的，推出的定期存款产品也会采取"靠档"的方式计息。但是这类靠档计息的定期存款产品往往门槛较高，需要一笔大额资金起投，而中小银行推出的创新型现金管理产品不仅起投金额低，而且提前支取收益率较高，同时到期年化收益率和提前支取所获收益率高过市面上其他的理财产品。

目前，国家对这类创新型存款采取了更为严格的监管措施，很多不合规的存款业务都被下架，中小银行金融产品创新可以从这些案例中吸取好的思路，摒弃不合规的地方，严格遵守监管制度，从客户的根本利益出发，在保障银行利润的前提下，减少客户提前支取存款的损失。

（二）贷款业务产品创新

中小银行创新贷款业务产品可以提高资金的运转效率，扩大银行的利润空间。现阶段，我国经济结构正处于调整时期，重点在于转变经济发展方式、转换经济增长动力。在这样的宏观背景下，中小银行需要结合地方经济发展情况进行贷款业务产品的创新，积极改变贷款业务的服务方式，增加贷款业务的组合模式，有效增加贷款种类。部分中小银行结合当地特色，有效配合地方产业政策，不断推出全新的金融贷款服务模式，如创建"农业全产业链金融服务模式"，全面融入农业产业链，积极创新金融服务模式。还有部分中小银行将创新的重点放在了个人贷款业务方面，积极扩大贷款对象的范围，满足客户的各项资金需求。例如，个人消费贷款的产品主要有汽车消费贷款、旅游消费贷款、学生助学贷款及个人住房抵押贷款等。

（三）金融衍生产品创新

中小银行创新金融衍生产品是为了更好地满足客户投资与避险的需求，国际金融市场的波动也对我国金融市场产生了较大的影响，促使中小银行不断代销金融衍生品交易业务和金融自营业务。目前，市面上不断推出的新型金融衍生产品主要包括期货、期权、结构性票据及掉期等。

（四）中间业务产品创新

中小银行中间业务产品创新是实现金融工具创新、建立现代化经营机制的"先锋官"。随着中间业务在银行收入中所占比例的不断提高，发展中间业务逐渐成为我国中小银行竞争的焦点。中小银行需要不断提高发展中间业务的思想认识，以客户需求为中心，积极对中间业务进行金融创新。例如，可以设置中间业务部，积极研发中间业务新品种，提升中间业务金融产品的技术含量。另外，随着对外贸易的迅猛增长和金融工具的推陈出新，中小银行在大力进行金融创新，不断推出优质服务和产品的同时，也要在汇兑、结算、代理等中间业务的基础上不断推陈出新，开展诸如金融衍生产品交易、承兑、证券投资管理托管、信用证及信息咨询服务等业务，逐渐形成较为完善的中间业务产品体系。

第二节　中小银行金融产品技术创新

互联网金融时代下，金融业将技术驱动作为创新的主要推力，金融科技对金融业产生很大的影响。在中国人民银行印发的《金融科技（FinTech）发展规划（2019—2021年）》中，将金融科技定义为"技术驱动的金融创新"，而这技术包含了大数据、人工智能、通信技术、云计算、物联网等，在金融领域，特别是银行业具备丰富多样的应用场景。在银行披露的财报信息中，大数据、通信技术被频频提及，充分说明了这两项技术的应用实现更为成熟。中小银行金融产品的创新同样离不开技术的支持。中小银行可以充分借助这些成熟的技术力量挖掘客户需求，打造服务渠道，建设智慧银行。

一、中小银行金融产品创新相关技术及其应用实践

（一）大数据技术及其应用实践

1.大数据技术

大数据技术目前已经被广泛应用于各个产业，金融业也不例外。互联网金融企业的崛起大多依靠大数据技术的支持。基于大数据技术，各类金融机构可以将用户的多项信息整合起来，包括交易信息、浏览偏好、行为指标等，将这些信息转化为编程语言，利用计算机的数据处理能力对海量的数据进行分析整理，进而了解用户需求，实现产品的对口研发和精准营销。银行业作为金融业的重要组成部分，是大数据技术应用的前沿阵地。已有众多银行将大数据技术纳入自身体系，应用于管理、支付、营销等方面。

就目前而言，在技术应用前沿的金融科技创新应用中，大数据技术占据

着举足轻重的地位，实现数字化转型是银行金融创新的第一步。在具体的应用层面，立足数据应用的全生命周期，数据收集、传输、存储、应用等环节都需要数据平台、数据库的支持。对中小银行而言，受限于资本规模、科技实力等因素，很难像大型商业银行一样投入巨额成本来打造独立技术支持平台，需要权衡外部合作与数据安全方面的要求，在有限的技术框架下探索出最大化的应用模式。不同的银行具备不同的优势领域，所以中小银行在引入外部数据时，要充分利用内部资源，将其与外部资源充分结合，扩大自身在数据、用户和金融生态方面的优势。

2. 大数据技术应用实践

以重庆农村商业银行为例，该行运用大数据技术，以行内数据为基础，结合外部数据构建了客户级评分指标体系和风险、营销等多维度评分子模型，并将客户级评分模型结果应用于多个业务场景，借助大数据及机器学习等金融科技手段，精准分析和预测客户行为需求，有效制定业务营销策略，节约营销投放人力和费用成本，增加产品收入，提升业务规模。

具体来说，重庆农村商业银行首先基于客户身份信息、交易流水、消费行为等海量行内数据，结合三方数据，利用大数据挖掘和数据分析技术构建客户属性、信用风险、产品持有、客户价值等多维度全行客户级指标。然后根据全行客户级指标变量池，进行信用风险、客户价值、产品偏好等多个子维度评分模型开发；根据样本数据情况、业务需求及模型的业务解释性和稳定度来确定使用的模型类别，包括基于无标签体系的无监督模型和基于有标签的有监督模型；综合运用逻辑回归和机器学习等多种建模技术进行模型开发和训练；模型建立之后，对模型的区分能力和稳定性进行评估、验证和迭代。以信用卡预借现金分期产品营销为例，该银行利用客户级评分多维度子模型对客户进行风险分级，并结合客户的可支配收入情况，根据个人信贷的产品特征和额度范围，对信用卡预借现金分期产品营销响应度较高的客户进行产品定向推荐；业务策略使用投放后，将产品营销和运营结果数据进行回收，后续用于评分模型和策略的评估验证及调优。该零售客户级评分应用以重庆农村商业银行信用卡产品"Y借"营销为落地场景，减少营销成本投放，增加产品收入，提升业务规模，为重庆农村商业银行零售业务带来了更好的经济效益。

上述实践使重庆农村商业银行金融产品营销模式实现了创新，使之由传统的业务人员依据经验进行客户筛选的模式，转向基于大数据分析与建模对特定营销场景下的客户进行评级的模式。"Y借"产品具体实现的营销目标有两个，一是针对没有使用过现金分期的存量信用卡发卡客户提高转化率，即提升营销转化率；二是针对有过现金分期的客户提高使用率，即提升用卡活跃度。营销转化率和用卡活跃度的提升依据都来源于零售客户级评分模型的预测。重庆农村商业银行建立的零售客户级评分体系及其在营销场景中的应用具有先进性，切实落地了大数据技术和金融科技创新实践。

以济宁银行为例，济宁银行探索应用大数据，对客户进行全方位多视角的行为分析，打造广泛、全面的客户信息基础，精确定位客户群体、细分客户偏好，构建一体化营销平台，实现精准营销，提高获客能力和客户黏性。

一是利用大数据平台进行客户画像，分析客户的风险偏好和消费习惯，实现精准营销。济宁银行通过客户数据分析，实现客户潜力的挖掘和快速精准营销信息推送；通过外部数据的接入，利用互联网实现主动营销和获客，变等客户上门为主动服务。二是更丰富的报表展现。济宁银行实现了统一数据展现门户的建设，包含超过400张营业报表，73张五大会计报表，40多张交易查询报表，以及近40张固定报表，大大丰富了报表种类。报表种类的横向拓宽使得经营层通过数据来分析经营成果、管理控制风险变为可能，经营管理手段进一步丰富。报表内容的纵向深入也使得基层支行网点的运营工作有了得力的数据支撑，从而通过各项营业类、交易类的报表数据指导基层一线工作有序、科学、高效地开展。三是促进网点转型。对网点数据进行大数据分析，根据分析结果，投入相应自助设备，引导客户分流，通过转变网点服务模式、加强客户培养引导，将柜面业务自助化，解放柜员走入厅堂，进而强化营业网点的营销服务功能，提高客户和员工两个层面的满意度，实现营业网点由传统的交易核算型向营销服务型转变。

济宁银行网点智慧运营效果自实施后逐步显现，具体表现为：集中作业平台显著压缩对公业务办理时长，柜面服务质效进一步提升；视频银行提供线上服务，客户可以随时随地办理密码维护、信息维护、挂失等业务；智能柜台使得业务流程更简化，既提升了业务效率，又增强了客户体验，得到社会广泛认可。

（二）5G 通信技术及其应用实践

1.5G 通信技术

在通信技术领域，目前较先进的莫过于 5G 通信技术。在 5G 时代，消息作为基础的通信业务也被升级，并被应用于多项金融场景。现阶段，互联网金融发展模式加速了金融服务的线上化，线上渠道的触点对金融业的发展起到重要的推动作用，但目前线上渠道在客户数据精准度、场景融合能力、数据安全等方面仍存在进步的空间，而 5G 消息为这些方面的进步提供了可实现的路径。5G 消息的终端具有原生性，可以使金融机构以很低的成本联通客户，从而提高客户线上转化率，拓展出更多金融应用场景。

当前，5G 消息在金融业的应用仍处于试点示范阶段，主要形成业务拓展、客户服务、精准营销、快捷支付、异业导流等场景，为金融机构联合运营商、服务商、内容商、终端厂商等生态伙伴深入合作提供了一个生态平台。未来，金融机构将持续强化统一标准、打造共赢模式，推动金融业成为 5G 消息应用的第一大行业。

银行业是 5G 消息应用的重要领域，基于 5G 消息的开放、安全、公平、公正等特点，银行可以将 5G 消息与手机银行、网银、自助终端等现有渠道共同构成银行对客服务渠道，创新客户服务方式和营销手段，增强客户体验，提升对客服务能力及营销效率。通过打造 5G 消息新生态，推进场景金融建设，为银行数字化转型提供新动能。具体应用场景包括利用 5G 消息打造银行消息传递新通道及创新对客服务模式。银行可以将短信、邮件、银行 APP、微信公众号等各种信息发送渠道进行集成，利用 5G 消息作为常规渠道发送提醒、通知、账单等信息，使 5G 消息成为客户消息服务统一入口，如图 5-4 所示。这样一来，客户无须关注银行 5G 消息的信息服务号，即可及时收到银行的信息。

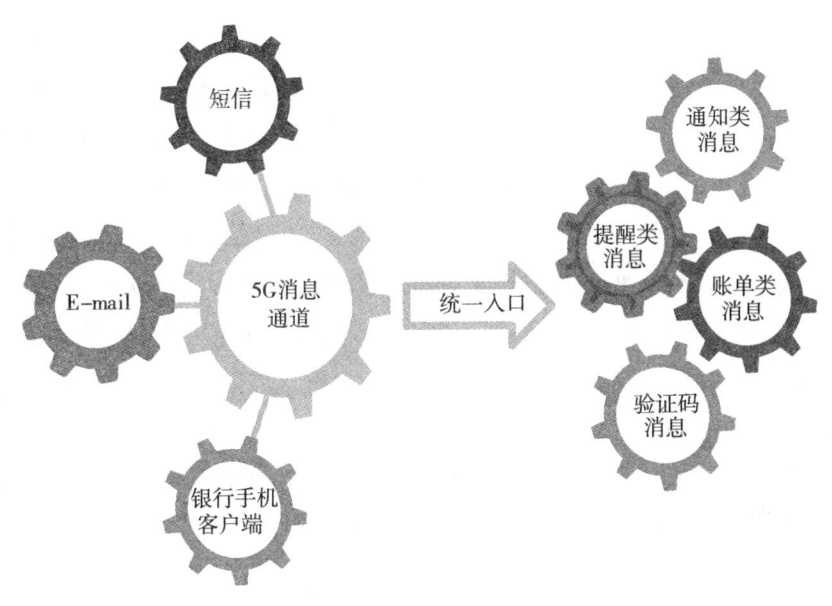

图 5-4　银行 5G 消息统一入口

（资料来源：中国信息通信研究院）

借助 5G 消息交互体验和多轮会话的特性，我们可以使 5G 消息与银行的业务进行对接，使 5G 消息成为银行新的对客业务触点，为客户提供业务咨询、产品演示、业务办理等服务，创新对客服务模式，具体可以从以下几个方面开展产品技术服务创新。

一是对已有的信息业务进行更新。利用 5G 消息提供丰富的信息，如卡片、视频、音频、位置等，对原有的信息内容和体验进行全方位的提升，从而达到客户的服务革新，有效地解决以往短信内容格式单一、容量有限等问题。与此同时，5G 消息的安全性也得到了极大的提高，一方面发送信息的号码与身份由运营商在网络侧设置和审核，聊天机器人上线前也要经过运营商的严格审核。另一方面，通过 5G 消息的密码机制，可以实现 5G 消息的安全传输，有效地阻止诸如身份验证代码等信息被截取和篡改。二是打造互动服务。通过 5G 消息聊天机器人，银行可以与客户进行多次对话，提供菜单、按键、卡片和对话框输入等多种互动形式，为客户提供互动性服务，打破传统短信以文字为主的限制。5G 消息与人工智能、语音识别等技术结合在一起，可以根据客户的需要，对客户的要求进行智能处理，并根据客户的语音提示，将客户的账号和金额等信息自动输入汇款页面中。三是实现业务闭环处理。银行根据业务情况在 5G 消息中加入对应的处理方案,客户可以通过 5G 消息完成业务办理,直接实现业务闭环,从而避免了客户接到常规的短信后需要通过银行 APP、微信等其他方式进行不同通道间的转换操作。四是整合了线下和线上渠道。鉴于监管等方面的因素,现在很多银行业务都要到银行的线下网点去办理,如大额现金提取、购买纪念币、办理资信证明等,客户可以在 5G 消息通道提前预约,银行可以利用 5G 消息提醒客户并推荐距离最近的网点,同时,客户如有其他情况需要处理,也可以取消预约、更改服务时间、补充信息等。此外,当客户通过手机银行、APP 等渠道处理银行服务出现问题时,银行可以通过 5G 消息自动向客户推送一份清晰、详细的图文操作指南,实现信息在不同渠道之间的共享,打通线上渠道。

2.5G 通信技术应用实践

中国信息通信研究院在 2021 年 10 月发布的《金融业 5G 消息应用研究报告》中的资料显示,目前国内已有众多银行开展 5G 消息的应用实践,其中包括很多中小银行,这些中小银行的 5G 消息应用取得了一些实质性进展。

以泸州银行为例,2020 年 10 月,泸州银行通过 5G 消息扩大了移动支付的业务范围,对接了"5G 消息金融服务平台"和其原有的业务核心系统,实现了在线业务处理、手机号码转账、手机号小额支付、银行业务富媒体推广等多项功能。这一工程的 5G 信息应用场景涵盖了普惠金融服务、便民生活服务、便民自助服务三个方面。

目前,泸州银行普惠金融服务已覆盖手机号码支付注册、手机号码支付转账、云闪付一键绑卡、金融产品推荐等多项应用场景。以手机号码支付转账功能为例,在泸州银行的 5G 消息平台,客户通过点击转账卡片消息即可进入转账页面,该平台支持从通讯录中选择并填入收款人手机号码,客户选择收款银行后可自动显示收款人姓名、账号信息(掩码显示),输入转账金额和密码即可完成转账。该功能解决了卡号长、不易记的问题,通过 5G 消息触达客户,使转账变得更加快速便捷。泸州银行便民生活服务支持客户通过 5G 消息平台进行水、电、燃气、居民医保、话费等日常缴费项目,未来还会推出更为丰富的第三方生活服务,为客户提供更多生活便利。泸州银行便民自助服务通过 5G 消息实现 24 小时在线服务客户，并提供视频互动、业务办理等功能，让客户足不出户、随时随地都能享受到便民金融服务。

二、中小银行金融产品技术创新应用策略

中小银行金融创新必须充分借助互联网技术的力量，以提高运营效率、降低服务成本、满足客户需求为战略目标，最终实现数字化转型。

中小银行金融产品技术创新应用策略包含七个方面，如图 5-5 所示。

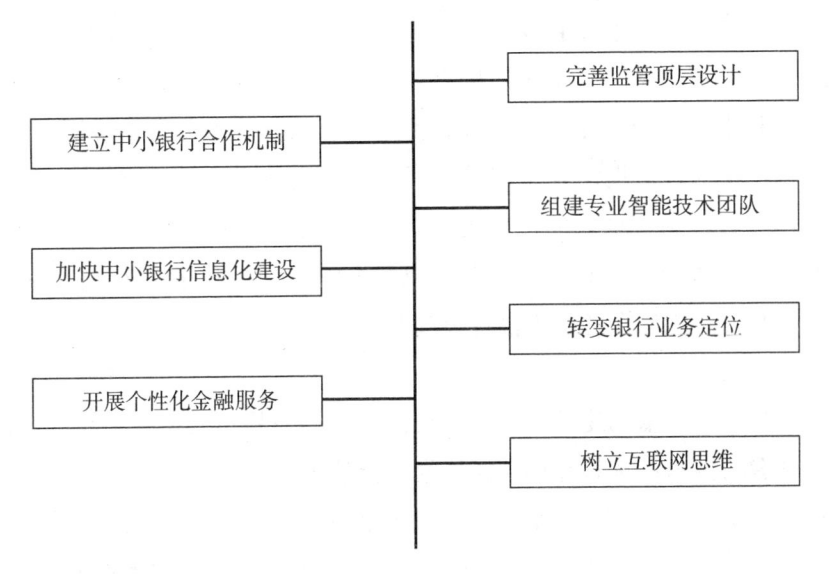

图 5-5　中小银行金融产品技术创新应用策略

1.完善监管顶层设计

金融监管部门发布的相关政策为中小银行发展金融科技、创新产品技术提供了指引方向。借鉴英国"监管沙盒"模式，我们可以允许国内技术水平较高的中小银行先行先试，鼓励其大胆展开创新工作，并给予一定的监管余地，使其处理好创新风险和创新发展之间的矛盾，坚守安全底线，同时监督指导中小银行结合自身发展的实际情况，有效识别技术创新的科技风险。

2.建立中小银行合作机制

中小银行在我国金融行业中虽然数量较多，但单体资金实力较弱，相较于大型商业银行和先进互联网金融企业来说，其市场的竞争能力有待提高，科技实力不够雄厚，金融创新工作等多个方面受到其本身发展水平的制约，

因此，可以建立中小银行之间的合作机制，增强中小银行相互间的交流和协作，形成联合竞争优势。我国金融监管部门可以发挥牵引作用，组织中小银行共同展开数字化转型合作交流活动，鼓励中小银行协同创新，实现优势互补，实现技术上共赢创新，共享创新成果，以一种联合的姿态保持其在技术上的发展水平，以维持在激烈市场竞争中的地位。

3.组建专业智能技术团队

金融技术的创新离不开技术人才这块基石。中小银行可以合作组建一支专业化水平高的智能技术团队，为其开发数据挖掘技术、应用5G消息平台技术、完善科技金融的战略布局提供人才支撑。中小银行金融产品创新从客户信息的收集、处理、存储、分析等各个环节到各项平台技术应用实践的各个维度，以及应用后期的系统维护都离不开专业技术人员的支持，如果中小银行单体实力较小，难以独自组建一支专业化技术团队，则可以通过上述合作机制，融合多家中小银行的力量，共同打造一支专业化的智能技术团队，使其研究发展的成果在各中小银行之间共享。

4.加快中小银行信息化建设

中小银行的信息化建设包含两个具体路径，一是不断拓展全新技术领域，二是将已有的技术系统和开拓的新技术进行技术整合。

在拓展全新技术领域方面，目前还有很多的技术成果没有在银行业实践落地，或者应用成果不够理想，如人脸识别技术等。这些技术尚处于发展起步阶段，其未来的应用场景十分丰富，这些技术对中小银行的金融创新具有十分重要的作用。当前，人脸识别技术在银行领域的应用需求主要体现在远程在线开户业务办理领域。在这一业务领域，很多互联网金融企业已经走在前列，而银行对该技术的实际应用还不够成熟，主要是由于技术的安全性至今还在评估中。中小银行要不断在这些全新的技术领域加大探索力度，找到各项技术在银行各类业务场景中的应用实践路径，加快创新脚步，避免长期落后于大型商业银行和部分互联网金融企业。

在技术整合方面，各项技术在中小银行金融产品创新中都发挥着重要作用，银行需要做的就是将这些技术渠道进行整合，减少信息孤岛，提升信息的价值，据此不断进行系统升级。对于已有的传统金融体系，中小银行需要放弃已经落后的部分，保留仍具备商业价值的遗留系统，并提升原有系统的兼容性，如采用"服务导向架构"改造、更新这些遗留系统，提供一些标准化的接口，允许程序之间通过这些接口相互访问，也允许这些组件在银行整个体系内通过网络建立松散的耦合关系，并被重复使用。对于一些无法满足当前信息化程度的核心系统，中小银行可以对其进行升级改造，以适应不断发展的技术成果、快速变化的外部市场及层出不穷的创新金融产品和服务。

5.转变银行业务定位

中小银行金融产品技术创新应用要准确把握金融技术的发展方向，走精细化、特色化和差异化的发展之路。面对与大型商业银行的差距，中小银行必须正视自身不足，避免采用直接竞争的方式，要充分利用错位竞争和差异化经营等方式，结合所处区域经济的发展方向和自身发展情况，积极探索与自身能力和资源相匹配的金融科技发展模式，寻找和挖掘金融市场空白领域，形成具有特色化、差异化、无可取代的发展模式。具体而言，中小银行可以借助大数据等互联网技术，转变自身业务定位，从支付、投融资中介的角色转变为信息中介的角色，尽快补足自身在信息方面的短板，加强信息收集、整理、分析和应用，将其整合到银行的核心信息层面，从而实现对用户的信息资源的深度挖掘。

6.开展个性化金融服务

中小银行进行金融产品技术创新是为了更好地提供符合客户需求的个性化金融产品，运用智能技术进行精准营销。传统的金融产品只是为了满足大多数客户的普遍需求，市面上的金融产品同质化严重，难以满足民众日益增长的金融需求。从银行的角度来说，过去银行了解客户需求的渠道相对狭窄，主要通过人工渠道进行连接，设计个性化金融产品和服务的成本过高，从营利的角度来说并不合理。从客户的角度来说，面对几乎相同的金融产品，可选择的余地太少，往往找不到符合自身需求的金融产品。进入互联网金融时代，实时更新的互联网金融产品为客户提供了更大的选择余地，如果银行的金融产品依旧原地踏步，不进行创新，就很可能流失大量原有客户。

中小银行利用互联网技术进行金融产品创新，可以将市面上长效的金融产品纳入数据模型并进行拆解，充分挖掘这类金融产品的特征，包括其起售金额、收益率、付息方式、销量等，再结合该类产品对应的购买客户群体的年龄、职业、资产等相关信息，通过回归模型和分类算法等，快速、准确识别出不同客户群体对金融产品和服务的个性化需求点，然后据此进行金融产品和服务的设计，并对新型金融产品的定价进行指导，对其销量作出预估。随着数据库规模的不断增大，银行的计算能力会不断提高，智能技术的学习能力会不断增强，对于客户信息的处理和分析会更加高效，在满足客户的个性化需求方面会更加精准，从而形成一个良性循环机制。

7. 树立互联网思维

中小银行发展技术创新，背后离不开组织系统的支持，不仅需要高层管理人员保持统一的发展思路，避免出现不同部门相互掣肘的现象，从而实现发展目标的精确定位，还要在全银行组织体系范围内营造数字化的银行文化氛围，使银行自上而下，全面支持技术创新工作，将这种发展愿景传递给每位银行员工，让他们共同参与到创新工作中，形成一种合力，不断推动创新工作的脚步前进，摒弃传统思维模式，树立互联网思维，实现银行全面的移动化、网络化、数字化的管理模式。

第三节 中小银行金融产品服务创新

一、中小银行金融产品服务渠道创新

自2013年互联网金融领域发生众多大事件后，国内的银行业也开始纷纷向互联网金融领域进发，许多中小银行充分发挥自身资源优势创新金融产品，提供优质金融服务，以吸引更多客户资源，提高自身竞争能力。根据互联网金融业务的创新模式，银行业推出了对应的金融产品服务渠道。

（一）直销银行

直销银行是作为独立法人组织存在、没有实体网点的银行，其所有的产品和服务都通过非线下渠道完成，包括网络、邮件、电话等。互联网金融时代下，无论是大型商业银行还是中小银行都对直销银行给予了高度重视。针

对现有直销银行的模式,可以将其分为两种:一种是完全采取线上渠道开展服务的模式,如通过手机微信等平台开展服务;另一种是将线上渠道和线下社区支行及自助银行网点相结合的模式。直销银行以理财产品为主的金融产品,也含有少量其他金融服务产品。

我国中小银行在实施直销银行模式的过程中,在产品设计上具有自身特色,部分银行采用开设"电子账户"绑定银行卡账户的"弱实名电子账户"方式吸引众多客户资源,发挥自身资源优势。

以江苏银行为例,江苏银行是我国首批上市的直销银行之一,自推出以来坚持互联网思维,整合多项先进金融科技手段,全力打造具有现代感、科技感和时尚感的线上银行。具体而言,江苏银行紧跟客户需求,应用先进技术积极构建互联网化经营的基础设施,如视频人脸识别技术、智能机器人、电子签章技术等。

互联网金融时代的来临为直销银行的发展带来了历史性机遇。未来,中小银行直销银行将持续借助先进金融科技手段,探索新技术、新业态和新模式,打造智能、敏捷、精准、高效的现代化金融服务平台,奏响网络金融开放发展的新乐章。

(二) NFC 支付

NFC(Near Field Communication,近场通信)是近场支付的主流技术,是一种短距离高频无线通信技术,可以允许电子设备之间进行非接触式点对点数据传输来交换数据。为防止互联网金融企业抢占传统银行的线下支付市场,国内众多银行均对 NFC 手机支付加大了推广力度,希望通过具备 NFC 支付的手机占领金融线下支付市场。

NFC 支付的发展过程较为曲折,从 2011 年的"闪付"开始、到 2015 年的小额免密免签非接支付、手机 Pay 的延续,再到 2018 年的手机 POS 和"碰一碰"兴起,NFC 的优势和局限性都非常明显。其优势是可以切入很多场景,达到很好的体验效果;局限性是其兼容性不如二维码,硬件成本和技术成本高于目前的互联网聚合收单产品。

目前,NFC 技术已经应用于"电子身份证"防伪溯源机制。商家建立防伪及质量安全跟踪与追溯体系，为每个产品粘贴特定标识，建立唯一"电子身份证"，把产品的生产地、生产日期、生产批次号等信息与特定标识进行绑定，存储在防伪溯源管理系统中。在售后防伪环节，消费者可以利用带有NFC功能的手机查询产品的真伪，以提高服务体验。同时，商家可以通过与消费者线上交互，达到移动营销的效果，实现O2O电子商务交易。这一防伪溯源机制可以应用于中小银行产品服务风险防范机制中，需要中小银行的进一步探索。

（三）小微贷

在互联网金融P2P网络借贷模式的影响下，银行业也推出了类似的服务平台——小微贷。2021年，中国人民银行印发《中国人民银行关于深入开展中小微企业金融服务能力提升工程的通知》，鼓励银行业金融机构通过大数据、云计算、区块链等金融科技手段，提高贷款效率，创新风险评估方式，拓宽金融客户覆盖面。大中型银行业金融机构要依托金融科技手段，加快数字化转型，打造线上线下全流程的中小微金融产品体系，满足中小微企业的信贷、支付结算、理财等综合金融服务需求。地方法人银行业金融机构要坚守"支小支农"市场定位，借助信息技术手段优化信贷业务流程，鼓励开发线上产品，提升中小微企业金融服务便利度。

传统银行业在各自的平台中，将关注重点放在"小微贷款"业务上，通过借助银行固有的品牌优势，在现有融资平台中添加了更多的理财产品。银行参与P2P平台的建设，并以小微贷款为主要业务，实际上是拓宽了银行部门服务企业主体的业务渠道，将银行服务对象以大中型企业和国有企业为主，向小微企业拓展，并开辟新的理财业务，这是对现有信贷渠道和业务模式一种有益的补充。

二、中小银行金融产品服务创新策略

中小银行金融产品服务创新策略包含四个维度，如图5-6所示。

第五章　互联网金融时代下中小银行金融产品创新

重视客户体验
对客户信息进行数据收集
以客户为中心

打造差异化服务场景
产品开发
服务转型

创新服务模式
连接金融资源和客户
形成线上线下融合的服务渠道平台

建立共享服务中心
总行模式
省行模式
区域中心模式

图 5-6　中小银行金融产品服务创新策略

（一）重视客户体验

中小银行金融产品服务创新需要重视客户体验。首先，中小银行必须全面地对客户的存款、贷款、理财等交易信息进行数据收集和分析，以掌握客户的消费习惯和理财偏好，并根据客户的这些信息设计相应的金融产品，为客户提供全面、个性化、差异化的服务。在提供服务的同时，中小银行也应该对业务流程进行精简，让客户能够更加方便、高效地参与其中。其次，金融产品服务创新要注重客户体验，坚持以客户为中心。因此，无论是在新产品发布前还是发布后，都要做好客户调研，特别是针对小微企业客户进行调研，充分了解其需求，对新产品进行不断的完善和升级。目前，大多数银行客户对手机客户端的依赖度越来越高。因此，中小银行应该在已有的微信公众号、手机 APP 等渠道的基础上，拓展多种营销方式，拓展客户群体，借助大量数据，对新的金融服务进行深度发掘，加强现有的金融服务平台与系统的功能，减少银行的系统风险，将各种金融资源进行有效集成，使中小银行能与客户更好地进行交流，为中小银行的金融创新提供支持。

（二）创新服务模式

互联网金融给我国的商业银行带来很大的影响。就目前的形势而言，中小银行若仍按照原来的模式进行管理，就很难在竞争中获得优势。从现实发展的情况来看，尽管近年来我国中小银行对金融创新给予了较大关注，在经营效率和服务功能方面都有了很大提高，但却没有摆脱替代传统的柜台业务的定位，并且相互之间的服务与商品模仿度高，差异性优势日渐消失。随着网络和技术的普及，越来越多的客户对足不出户办理业务的需求日渐旺盛，手机客户端成为更多年轻客户群体的首要选择。因此，中小银行金融产品服务创新必须针对这一需求进行相应的改进，不断转变传统的服务模式，利用网络将现有的金融资源和客户连接起来，逐渐形成符合银行自身发展特色的、线上线下融合的服务渠道平台，以此来应对不断变化的市场环境，这也正是目前金融客户所需要的服务模式。

（三）建立共享服务中心

中小银行金融产品服务创新可以采取建立共享服务中心这一策略。构建后台共享服务中心是业务流程创新的重要环节，具体包括三种模式，即总行模式、省行模式及区域中心模式。总行模式是指在总行设立金融共享服务中心，将银行各分支机构的客户业务需求全部提交到总行共享服务中心进行统一处理。该模式既可以实现高度的集中化经营，充分发挥规模效应，又有利于总行发挥管理职权，但该模式的不足之处也很明显，即总行难以全面覆盖各地区支行所有的特色业务，对总行的人力、财务、设备等资源的要求很高，建设成本大。省行模式是指在省行设立金融共享服务中心，统一处理省行所辖区域内的所有银行业务。相比总行模式而言，该模式显然可以兼顾区域银行的特色业务，相关成本有所下降，但是难以发挥规模优势，尤其是各省的发展情况有所区别，对于个别业务量较小、线下营业网点机构较少的省份而言，建立共享服务中心会造成巨大的资源浪费。区域中心模式是指在综合考虑业务量及区域特色业务的基础上，选择业务种类齐全、业务量大、网点机构多的典型省行建立区域性的共享服务中心，其他分行就近选择区域中心进行统一的业务处理。该模式兼顾了总行模式和省行模式的优点，既能发挥规模效应，又能覆盖区域的特色业务，建设成本也被考虑在内，但存在跨省业务管理的协调工作难度加大的情况。

中小银行可以结合自身规模和网点分布情况选择恰当的模式建立自有共享服务中心，优化业务服务流程，提高客户体验感。

（四）打造差异化服务场景

中小银行金融产品服务创新要整合所有服务渠道，打造差异化服务场景。目前，以移动端为主的服务场景主要包括手机银行、微信银行等，主要进行转账、结算等。未来，中小银行要不断丰富移动端的产品服务类型，提供具有本行特色的差异化服务场景。在产品开发方面，要从渠道拓展和平台创新入手，加强多渠道的协同合作与支持，加强渠道平台的整合与创新，打造中小银行品牌特色；在平台界面也要开展创意设计，优化客户使用体验，如打造个性化平台界面，支持客户更换界面主题、颜色等，持续推动以个性化服务为主导的产品创新进程。在服务转型方面，中小银行要转变经营定位，向服务型银行转变，提升客户的服务体验，以更容易令客户接受的服务形式拉近与客户之间的距离，加强与客户之间的联系，维持已有的客户资源，加强拓展新客户，以保证自身的竞争优势，促进我国金融行业实现高质量发展。

互联网金融对中小银行的发展提出了要求，传统的银行在存储业务及支付结算业务领域的主导地位被动摇，新的发展时代为传统银行业带来转型契机，中小银行亦不能故步自封、原地踏步，必须顺应时代的发展趋势，加快实现金融创新。

中国人民银行于2022年3月30日召开2022年科技工作电视会议。会议要求，要坚持稳字当头，加强金融业网络安全体系建设，做好金融数据安全管理，守牢安全生产底线。坚持系统思维，全面提升新技术应用能力，坚持科技向善，持续推动金融数字化转型，坚持强基固本，健全新型金融标准体系。

由此可见，国家对银行金融创新的支持力度不断加大，中小银行必须把握时代机遇，坚定不移地走高质量创新道路。尽管我国中小银行在产品创新的过程中面临诸多挑战，但是发展势头迅猛，这在很大程度上得益于国内良好的扶持政策和坚实的产业基础，在互联网相关技术的加持下，中小银行的金融创新之路前景十分广阔。

第六章 互联网金融时代下中小银行金融人才机制建设

无论在哪个行业，人才都是市场竞争的关键，是不可或缺的重要资源。俗话说，"得十良马，不若得一伯乐"，中小银行金融人才机制建设就是打造吸纳人才、培养人才、激励人才的"伯乐"体系，为金融创新工作提供源源不断的人才支持。本章从人才吸纳途径建设、人才培养与激励体系建设及人才梯队建设三个角度出发，对中小银行人才管理模式进行研究，旨在为中小银行吸引人才、留住人才、建立完善的人才管理体系提供参考。

第一节　中小银行金融人才吸纳途径建设

一、中小银行金融创新的人才需求

中小银行金融创新离不开人才这一重要基础。通过对当前各银行官网发布的招聘计划进行观察，我们可以梳理出银行对人才的需求方向。值得注意的是，自 2019 年开始，银行对信息科技类人才的需求直线增加，"金融+IT"复合型人才是最为抢手的，招聘力度之大、招募人数之多都是空前的，这充分体现了互联网金融时代中小银行金融创新对复合型科技人才的需求。

2022 年 1 月，中国银行保险监督管理委员会（现为国家金融监督管理总局）办公厅发布《中国银保监会办公厅关于银行业保险业数字化转型的指导意见》，其中提到要大力引进和培养数字化人才，鼓励选聘具有科技背景的专业人才进入董事会或高级管理层。这充分体现了金融行业对金融科技人才的需求，同时意味着银行业数字化转型进程的不断加快。2022 年，有 27 家上市银行在年报中披露了金融信息科技人员的数量，相关科技人员合计超过 13.4 万人。目前，我国各类中小银行的金融科技人才比重也日渐上升，形成了一定的人才基础。

中小银行金融创新的人才需求呈现两大趋势。一是人员年龄换代，"90 后"员工需求比重不断增加，几乎成为人才招聘的主要群体，同时"00 后"也逐渐步入职场，整体人才需求呈现年轻化趋势，为银行的未来发展注入年轻的活力。二是岗位职能换代，传统的职能岗位逐渐减少，科技型、高端型岗位设置越来越多，这也符合银行对"金融+IT"复合型人才的需求。

年轻化、技术化的人才需求与中小银行金融创新进程的推进息息相关。从中小银行金融创新的整体架构出发，从设计到执行，每一步都至关重要，各个维度的创新工作都需要相关人才的支持。首先，中小银行金融产品创新需要借助技术的力量挖掘客户需求作为产品设计的依据，这需要员工具备熟练操作数据、挖掘系统的能力和数据分析的能力，还需要员工了解金融产品设计的规则，避免产品出现不合规的情况。其次，中小银行管理制度创新，需要具有创新管理思维和金融专业知识的人才对银行组织架构的顶层设计提出专业化的意见；在银行财务管理制度和内控管理制度等方面，需要具备金融和相关领域的复合专业知识人才进行相关制度的创新；在金融创新风险控制方面，需要能够熟练操作风控系统、快速识别风险并提出解决方案的复合型人才。最后，中小银行销售渠道的创新更是需要技术型人才开发新型线上渠道、进行线下线上渠道的整合。

综上所述，人才是中小银行金融创新的关键，建设中小银行金融人才机制符合中小银行开展差异化、特色化、集约化、错位竞争的发展要求。中小银行应吸纳更多优秀人才，提升人力资源的数量和质量，塑造人力资源的资产专用性，实现人力资源的内生优化，以此不断提高经营管理水平，匹配银行创新业务的需要，实现业务发展的流程再造和全面风险管理，形成全新的业务体系、管理体系。

二、中小银行金融人才吸纳具体途径建设

中小银行金融人才吸纳具体途径建设可以从两个角度出发，一是整合招聘渠道，二是加强内部建设。

（一）整合招聘渠道

人才引进需要具备完善的招聘渠道，中小银行应当整合当前的招聘渠道，全面覆盖人才求职信息。具体的招聘渠道包括校园招聘、网络招聘、猎头招聘、员工推荐、线下招聘会及内部应聘等。中小银行应当多渠道整合，使之共同发挥效应，助力人才吸纳。

1.校园招聘

校园招聘是指中小银行与相关院校建立长期合作关系,通过校园内的通知公告招聘毕业大学生;中小银行也可以参与学校的专业课程,为在校学生提供假期实习机会,从中发掘优秀的学生,提前与之签订毕业就业意向书。现已有众多银行面向应届毕业生设置管理培训生岗位,让其在银行内部进行实习轮岗,将其作为后备管理人才来培养。

2.网络招聘

网络招聘是指中小银行在网上发布招聘信息,吸引全国各地的优秀人才参与招聘报名。网络招聘不受时间和地域的限制,覆盖范围广泛,在线即可完成简历筛选,招聘的成本相对较低。具体的网络招聘渠道包括三种。一是和银行内部的招聘官网主页建立相互链接的其他各大招聘网站。招聘网站能够对银行主页整体登录和访问,银行的招聘人员也可以通过该网站查看相关岗位应聘者所发来的信息和简历,应聘者可以登录这家银行的网址参与报名。中小银行可以在该网站上永久性地储存全部应聘者的个人简历及信息,这样一来,即使应聘者当时落选了,若之后出现岗位空缺,那么也可以通知候选人二次应聘新职位。二是与外部招聘网站进行密切合作,及时地更新人员信息数据库。通过这些网络招聘网站,中小银行可以筛选出拥有一定银行相关工作经验的候选人,并查看其信息和背景数据。该渠道是能够协助中小银行招聘到专业人士的有效渠道。但这些人才信息不具有单一性,因此会形成人才争抢模式。三是由银行独立开展在线统计,一旦某个新的职位产生空缺,就优先查看人才库中是否有合适的候选人。人才库涵盖并且更新所有猎头公司公布、推荐的各位应聘者的简历及动态就业信息。

3.猎头招聘

猎头招聘是指中小银行借助猎头公司的招聘渠道补足重要岗位的空缺。一般合作方式有两种,一种是签订一次性服务协议的合作关系,另一种是建立长期合作的战略伙伴关系。这种招聘方式的成本是最高的,一般猎头公司会将所招聘员工年薪的一定比例作为招聘费用。

4.员工推荐

员工推荐是通过内部员工推荐合适的外部人才。这种方式具有较强的实用性及经济性，一方面，员工会对所推荐人才的工作能力和品行具有一定程度的了解，从某种角度减少岗位适配的成本；另一方面，员工推荐外部人才进入本银行工作，说明本银行存在一定的吸引人之处，有利于银行口碑的建立。中小银行可以设立一定的奖励机制，鼓励内部员工推荐外部人才，以较小的招聘成本招聘到合适的人才。

5. 线下招聘会

线下招聘会是指中小银行通过举办线下招聘会，吸引求职者参加，以现场招聘的方式吸引人才的加入。采用该渠道，中小银行可以直接高效地对人员进行现场面试，节省了筛选大量简历的时间和成本，但该渠道具有很强的地域性，其覆盖范围一般只包括本区域，很少有应聘者会跨区域参加外地的招聘会，并且受到前期宣传方式和银行品牌形象的影响，很可能出现参与人员较少的情况。

6. 内部应聘

内部应聘是指中小银行内部人才应聘，即中小银行通过在银行内部公开空缺岗位，鼓励内部员工参与应聘。通过该渠道招聘的员工对银行文化的认可度高，熟悉工作环境，工作的磨合过渡期短，能够尽快进入工作角色，极大地节省了招聘成本，也为内部员工创造了丰富的就业渠道，降低了员工的离职率。

（二）加强内部建设

除了利用招聘渠道主动发现金融人才之外，中小银行想要吸引人才主动加入还需要加强银行的内部建设，如提供优厚的岗位待遇、建立员工培养和晋升机制及塑造优秀的企业文化等，如此一来，桃李不言，下自成蹊，人才自会感应而来。

1. 提供优厚的岗位待遇

对于人才而言，岗位待遇是选择岗位的重要依据。岗位待遇包括显性待遇，如薪酬、奖金等，以及隐性待遇，如相关福利、工作环境等。中小银行吸引人才首先要提供优厚的岗位待遇，如丰厚的工资报酬、医疗保险等，一方面可以吸引外部优秀人才的加入，另一方面可以促进内部员工不断追求自我提升。

2.建立员工培养和晋升机制

岗位发展前景代表人才未来的发展前途,包括培养计划和岗位晋升通道等。完善的人才培养机制有利于人才对自己未来发展前景作出预估,公平公正的晋升机制可以增强人才对岗位前景的信心。建立员工培养和晋升机制是中小银行吸引人才加入的重要前期工作。

3.塑造优秀的企业文化

企业文化代表了一个公司整体的发展观,如果其与员工的价值观不符,会影响员工的工作体验。中小银行必须加强银行文化建设,对员工的思想发展作出引导,吸引具有相同发展理念的人才加入银行,共同推进中小银行的金融创新工作。

第二节 中小银行金融人才培养与激励机制建设

一、中小银行人才培养机制建设

(一)中小银行人才培养基本原则

中小银行人才培养需要坚持以下三项基本原则。

一是以人为本,人才为先。在中小银行金融创新的过程中,人才是比较紧缺的资源,也是银行发展不可缺少的重要力量,而人才的质量决定了银行发展的速度和水平。目前,我国银行业面临着激烈的市场竞争和金融技术的转型,急需高层次、复合型的专业化人才,因此,中小银行的人才培养要坚持以人为本、人才为先的原则,尽快提高银行队伍的整体素质。

二是从实际出发。只有从银行的实际情况入手,才能真正培养出满足银行发展需求的人才队伍。因此,中小银行人才培养必须以银行的实际发展需求为标准,在不断变化的市场环境中,逐步培育出具有时代前沿背景的优质银行业科技人才。同时,要把发展金融科技和业务创新有机地结合起来,不断完善和健全人才培养体系,制订一个全面的人才培养方案。

三是培养与效果互为体系。中小银行进行人才培养的目标在于让其投身于银行金融创新工作中，为银行金融创新工作提供技术支持与方案设计。因此，在人才培养过程中，中小银行要坚持培养与效果并存，使人才培养发挥潜在的战略性影响。

（二）中小银行人才培养机制建设的具体路径

无论在金融技术创新方面还是在银行业务创新方面，人才都是较活跃的因素，具有极大的创造力和主动性。在互联网金融时代，银行业必须为员工提供转型和新的学习机会。中小银行想要培养的是复合型实践人才，复合型实践人才是能够从事创业项目的高素质人才，应具备科技、金融、法律、计算机等多方面的专业知识，对金融创新的发展动向有一定了解，具备组织协调能力和决策能力。中小银行人才培养机制建设的具体路径包括以下四个方面。

1. 设立跨部门协作小组

传统银行组织架构中的职能部门一般采用垂直管理模式，大多数员工仅对自己部门内的工作内容有所了解，对其他部门的工作内容知之甚少，也没有机会去学习。中小银行未来需要改变这一局面，通过进行组织结构的创新，实现部门业务的交叉，在跨职能部门的团队架构下，不同职能岗位的员工可以组成一个小组，拟定同一目标作为共同协作的方向。这样一来，中小银行可以为员工提供多岗位轮岗的工作机会，鼓励相互学习，鼓励逐渐成长，为培养复合型人才提供必要的环境。

在传统银行产品开发流程中，由需求分析师将业务需求进行拆解，向开发人员报送能够理解的内容，技术人员开发完成后再将成果向业务方进行信息反馈；接下来是分行渠道经理通过产品经理的介绍了解产品特点，向客户经理进行产品介绍、针对业务知识和操作流程等进行培训，在收集客户经理的反馈意见后再传达给产品经理；然后，工程师设计测试用例，在产品开发完成后执行测试，确保无质量问题后再交由业务方验收。走完上述整个流程，需要反复经过多个沟通环节，沟通反馈时间长，准确率低，最终导致金融产品的开发周期较长，产品创新也可能已经过时或被互联网金融机构抢夺先机，消磨了创新者的激情和动力。在跨职能部门开发模式下，产品经理和开发人员处于一个行动小组之内,由产品经理详细清楚地提出业务需求,学习了解系统之间的相互关系,而开发人员在与产品经理的接触沟通中,对业务需求的了解更为明确,甚至可以主动对开发方案进行调整,这样一来,双方可以协作制定出一项可行性高的开发任务,大大提高产品开发效率。另外,通过业绩绑定形式,中小银行可以加强产品经理和客户经理之间的联系,客户经理可以在产品开发之前就将客户需求反馈给产品经理,同时在新产品试行过程中将客户的意见汇总反馈给产品经理,以促进产品的不断完善改进。

2.与高校合作制订委托培养计划

在目前的高校教育体系中,对复合型专业的设置很少,中小银行在岗位待遇方面有时很难与大型商业银行和互联网金融企业匹敌,在抢夺复合型人才这类稀缺资源时很可能处于劣势地位。因此,中小银行可以为体系内的优秀员工提供学习的机会,与高校合作制订委托培养计划,安排优秀员工进入高校学习所需专业知识,多面发展,在成长为复合型专业人才后投入中小银行的金融创新工作中来。另外,中小银行可以事先与员工签订包含最低服务年限的工作合同,以合约的形式给予一定的约束,这样有利于保障中小银行自身的发展。

3.开展内部学习交流培训会

中小银行可以定期开展内部学习交流培训会,由不同职能部门的优秀员工分享工作内容和经验,组织其他部门共同参与,让员工了解其他部门的专业知识和工作内容,有利于打破职能部门之间的沟通障碍。另外,此类学习交流培训会也可以邀请高校专业教师进银行讲解专业知识,组织跨部门的员工一起学习,共同分享学习成果。

4.实行轮岗制度

中小银行人才培养机制建设的路径之一是实行轮岗制度。复合型人才不是停留在理论层面的复合型人才,而是具备实践能力的人才,只有学以致用才能发挥人才的效用和价值。中小银行可以挑选可培养的对象,让其在业务部门、技术部门等多个部门进行轮岗。轮岗也不是单纯地进行岗位了解,而要能真正地参与其中。例如,在业务部门,轮岗人员要积极了解产品内容、实际参与客户沟通、收集客户反馈意见等;在技术部门,轮岗人员要积极参与项目开发、数据处理、软件维护等多项工作，真实锻炼出工作技能。如此一来，不仅员工可以参与中小银行的金融创新工作，中小银行还能在各个部门之间进行人才借调，弥补一定时期内某岗位空缺的情况。

二、中小银行人才激励机制建设

中小银行进行人才激励的主要目标是充分激发员工的工作热情，调动员工的工作积极性，创造适宜的工作环境，将员工的工作潜能发挥到最大，因此要制定科学合理的激励措施，使员工的发展需求与银行的发展需求相契合，让员工在实现个人价值的同时推动银行目标的实现。中小银行人才激励机制建设的具体路径如下。

1.完善薪酬分配制度

关于人才激励，薪酬方面的激励手段是较直接的，建立公平合理的薪酬分配制度对中小银行的人才激励十分必要。不患寡而患不均，完善薪酬分配制度的核心是解决薪酬分配公平的问题。中小银行可以采用岗位级别与管理职务相结合的方式，根据岗位的价值贡献确定工资等级，为金融复合型人才提供一定的优待。此外，还要进一步提升人才的福利待遇，在实事求是的原则下，创新分配方式，实现同工同酬，对相同岗位和贡献价值的员工给予相同的待遇，不因有无编制区别对待，一视同仁，充分激发员工的工作热情。

2.明确晋升通道

员工的晋升问题是人力资源管理问题中的重要一环，关系着银行整体的正常运营。中小银行必须明确晋升通道，建立公开透明的晋升机制，充分调动员工自我提升的动力，让员工之间实现良性竞争，为员工指导短期和长期的职业规划，建立银行内部人才库，每年定期展开人才考核，并根据考核结果进行人才选拔，打造公开、公平的人才晋升通道。此外，如果岗位暂时没有空缺，可以为考核优秀的员工安排培训学习、科研交流等培养福利或薪酬调整等鼓励措施。

3.创造良好的工作环境

工作环境既包括客观的工作场景，如办公环境、办公设备等，也包括主观的工作体验，如岗位适配程度、人际关系等。创造良好的工作环境有利于提升员工的工作幸福感，提高员工相互之间的沟通效率。中小银行可以通过改善办公环境、更新办公设备等途径来改善客观的工作场景，同时采取工作考核、座谈会、私下沟通等方式了解员工对工作内容的胜任能力和心理接受度，让他们能够有机会充分表达自身诉求，帮助他们解决工作中遇到的困难。中小银行还可以利用团建等形式促进员工间的和谐交流，形成良好的工作氛围，建立和谐的员工关系。

第三节 中小银行金融人才梯队建设

一、人才梯队建设的相关概念与作用

（一）人才梯队建设的相关概念

1. 人才梯队

伴随互联网经济的发展，市场竞争日益激烈，提升竞争能力成为众多企业的首要战略目标，而人才在提升企业竞争能力中的显著作用促使企业在员工培养和管理方面加大了投入力度。企业的人才结构包含多个职能部门和不同岗位层级，只有整体提升各层级员工的能力，才能适应时代发展的需要。人才梯队是企业为了实现长远发展和持续营利而建立的储备人才库。这是企业基于发展战略的未雨绸缪之举，经过科学、系统的培训，这些储备人才将会在各个层次上成为企业杰出的人才。通常来说，一个企业的人才库架构，应该分为三个层次（高层人才库、中层人才库、基层人才库），即人才梯队。

2. 人才梯队建设

人才梯队建设的目标是进行人才储备。人才梯队建设是一项具有极高操作性、科学性、合理性且系统化的企业人才发展计划。在实施人才梯队建设的过程中，主要包含以下五项工作要点。

一是人才的来源。人才资源是人才梯队建设的源泉，人才的来源主要包括外部招聘和内部培养，通常以内部培养、晋升为主，以外部吸引、招聘为辅助。二是人才的筛选。人才筛选是指通过岗位分析、人才测评、人才面试

等手段实现人岗匹配，筛选出岗位胜任力高的人才及储备人才。三是人才的培养。人才培养是指对人才梯队后备资源库中的储备人才进行专业培训，引导其成长为高质素、专业化的复合型人才。四是人才的评估。人才的评估是指利用科学的评估手段对参与人才培养的储备人才进行评估，以此来验证培养的成效，依据考核的结果还可以实现人才选拔，将表现优秀者晋升到更高一层的岗位上。五是人才梯队保障机制。人才梯队保障机制的作用是保障人才梯队项目长久高效地持续运转，该机制主要包括保障制度、经费、人力资源等。

（二）中小银行人才梯队建设的作用

中小银行人才梯队建设的作用包括以下几个方面。

第一，中小银行人才梯队建设有利于保持人才结构的稳定。一般而言，由于晋升、转岗、离职等各种因素，银行内部都会持续存在一定的人员流动，以适应业务创新和发展变化的需要。如果出现人员流动，则会导致岗位短时间内空缺，可能对银行的正常运营产生一定的负面作用。因此，必须进行人才梯队建设来保证银行的人才储备。

第二，中小银行人才梯队建设有利于减少人工费用。当人员出现流失或者转岗等变化，之前的岗位就会空缺，如果银行没有后备人才可供选择就必须从外部进行招聘。根据市场的发展规律，外聘员工的成本会相对更高。因此，如果中小银行有一批完善的人才后备人员，一直在银行内部接受培训且能适时地填补空缺岗位，那么不仅能够迅速弥补空缺的岗位，还能大大减少外部招聘的费用，一举两得。

第三，中小银行人才梯队建设有利于建立自身的竞争优势。互联网金融时代下，市场竞争的本质就是人才的竞争，中小银行如果拥有一支高素质、专业化的团队，就可能开发出极具市场竞争力的金融产品、服务、技术、渠道等。人才是知识和技术的载体，是一切创新工作的前提。因此，中小银行必须进行人才梯队建设，为银行储备大量优秀人才，为金融创新工作提供源源不断的人才补给，如此才能充分建立自身的竞争优势，保证自身在激烈的竞争环境中屹立不倒。

二、中小银行人才梯队建设目标及路径

根据人才梯队的概念，人才梯队需要具备高层、中层、基层三个层次的人才。对于中小银行来说，可以从管理人才梯队、专业技术人才梯队、青年队伍人才梯队三个方面进行人才梯队的建设。

（一）管理人才梯队的建设目标与路径

1. 管理人才梯队的建设目标

在领导型管理人才层面，中小银行应按照自身的创新发展战略，以提高管理水平、增强业务能力为目的，打造一支勇于开拓、强于创新、善于领导、素质过硬的领导型管理人才队伍，不断提高领导型管理人才队伍的专业化水平，使其年龄梯次日趋合理，配置组合得到改善，整体竞争力得到显著提升。

在储备管理人才层面，中小银行应按照自身的稳定发展需求，加快提高后备管理人才的领导能力，培育一支能力突出、思维开阔、常备常新的优秀管理人才队伍。

在基层管理人才层面，中小银行应针对新时期的金融科技发展需求，以领导力培养为核心，努力建设一支以身作则、擅长沟通、善于协调、敢于决策的基层管理人才队伍。

2. 管理人才梯队的建设路径

管理人才梯队的建设路径如下。

一是建立并严格管理人才梯队库。加强领导力素质模型成果的实际运用，采用先进流程工具来支持全行各级管理人才的领导力开发。依托行业内培训机制、战略合作伙伴、境内外高校和其他培训机构，加强各级管理人才教育培训，提高人才对市场管理的驾驭能力。

二是加强精细化、高端化、差异化的人才梯队建设，提供系统的培训服务。倾斜总分行培训项目资源，优先安排入库人才参加总分行各类业务骨干人才、青年管理人才培训项目，提供精细化、高端化、差异化的各类培训，使入库人才具备符合当前商业银行转型发展要求的能力。

三是创造岗位机会，鼓励各种形式的挂职交流锻炼。对缺乏基层银行任

职经历的入库人才，要尽快安排其到基层岗位上挂职交流锻炼，进一步丰富相关人员的岗位履历，培养人才应对复杂局面的思想准备和应变能力，以及丰富的处理尖锐矛盾的经验。

（二）专业技术人才梯队的建设目标与路径

1. 专业技术人才梯队的建设目标

在核心技术人才层面，中小银行应按照金融产品和服务的战略创新，以提升核心业务技术能力和价值创造能力为中心，培育一批道德水平高、业务能力突出、专业技术过硬、创新思维活跃的核心技术人员。

在骨干技术人才层面，中小银行应根据核心业务快速健康发展的战略需要，以提高业务骨干的专业技术能力为中心，培育一批业务能力强、专业基本功扎实、思维敏捷开阔的骨干技术人员。

在基础技术人才层面，中小银行应结合业务转型的发展需求，整合银行内部资源，提升整体决策水平和执行力度，强化基础技术人员的建设，建立具有世界级先进水平的综合金融服务体系和完善的内部控制管理体系。

2. 专业技术人才梯队的建设路径

客户经理人才梯队建设应以提高客户服务能力和市场开拓能力为核心，加强培养资源型、专家型、业务型、复合型等各类客户经理，大力实施对公客户经理能力素质提升工程，从而进一步加强对公客户经理对产品组合和信贷政策制度的把握能力，推进理财师等各类资格认证，增强客户经理人才的中高端客户营销与服务能力。

风控、合规人才梯队建设应以创新、完善风险经理队伍培养开发体系为前提，加大岗位培训教材开发与专题性培训力度。建立风险经理专家库，组织开展高规格高质量的培训和各类相关话题的案例研讨交流活动，选拔骨干人才参加国际数量金融工程师、银行风险与监管国际证书等国际权威认证考试，推进专家型风险经理队伍建设。

信息技术人才梯队建设要根据提升信息技术对全行业务发展与内控管理支持保障能力的要求，以提高自主研发能力与安全运维能力为核心，加强信息技术工程师人才队伍建设。结合全行应用架构优化和系统整合工作，合理优化总分行信息技术专业人才的布局。

(三) 青年队伍人才梯队的建设目标与路径

1. 青年队伍人才梯队的建设目标

针对综合营销岗，中小银行青年队伍人才梯队的建设侧重市场营销与业务拓展能力、客户服务能力、洞察力、沟通学习和应变能力及风险识别与防范能力的培养，以及关键经验的总结与积累，重点在对公、对私客户营销工作岗位的培养锻炼，持续提升人才的学习能力、创新能力，可采用学徒制培养方式，向客户经理、网点负责人、分支行职能部门负责人等方向培养人才。

针对客户服务岗，中小银行青年队伍人才梯队的建设重在提升柜面服务人员的实际操作能力、服务创新能力、操作风险控制能力、采集需求信息能力、维护客户关系的能力、学习能力和应变能力，可向大堂经理、业务经理、网点客户经理、运营主管、营销主管和网点负责人等方向培养人才。

2. 青年队伍人才梯队的建设路径

青年队伍人才梯队的建设路径如下。

一是适应期阶段，这是青年队伍人才梯队建设的第一个阶段，一般发生在青年员工入行第一年，是青年员工职业生涯的起步阶段。在此阶段，青年员工应着重完成储蓄、会计等前台岗位的实习锻炼，通过一段时间的观察和培养，为后续发展储备基础知识和技能，积累经验。

二是轮岗期阶段，这是青年队伍人才梯队建设的第二个阶段，一般发生在青年员工入行的第二年，是新员工的培养方向选择期和轮岗体验期。在此阶段，中小银行应结合员工的意愿和工作表现等情况，与员工初步确定他的职业生涯发展方向，并根据该方向制订相应计划，将其轮换到相应的岗位。

三是"墩苗期"培养阶段，这是青年队伍人才梯队建设的第三个阶段，一般发生在青年员工入行的第三年，是新员工培养方向的校正期和业务基础的夯实期。在此阶段，中小银行应根据新员工前两年的总体工作表现，对其培养方向进行回顾重检，如果发现有与原定培养方向要求偏离度较大的情况，则进行修正，以提高人岗匹配程度，并着力夯实其业务基础技能。

第七章 互联网金融时代下中小银行金融创新展望

前文已经按照金融创新框架，从销售渠道创新、管理模式创新、产品创新及人才机制建设四个层面对互联网金融时代下中小银行金融创新任务进行了详细研究，本章内容主要是对中小银行金融创新工作进行展望，包括中小银行的发展前景与发展转型。

第一节　互联网金融时代下中小银行发展前景

互联网金融模式依托传统金融模式，在原有的基础上迭代更新，传统金融模式只能在固定的时间和空间内进行资金周转服务，而互联网金融模式突破了时间和空间的限制，让整个金融行业变得更加高效快捷。互联网为传统的金融行业注入了生机，一派朝气蓬勃的景象应运而生，从竞争的角度看，传统的金融模式和互联网金融模式求同存异，由之前的独立发展模式走向团结协作模式，一步步实现合作共赢。市场是一切行业的"试金石"，互联网金融市场在我国空前繁荣，在广度和深度上都呈现出高质量发展趋势。同时，互联网金融体系的不断完善保证了未来互联网金融行业的活力，为未来良好的发展环境奠定了基础。

过去，中小银行把互联网金融模式当作"锦上添花"，如今则不然。一方面，线上渠道拓宽了业务的可视范围，使更多客户群体可以不限时间、不限地点地享受金融服务，并且摒弃了以往只能销售单项产品的模式，在提升服务质量的同时简化了业务操作流程，为客户提供了极大的便利。另一方面，大数据等高端技术的加持，可以让中小银行更容易划分客户的消费偏好、消费习惯及消费模式，精准地把控客户群体画像，研发适合不同群体的个性化产品，实现精准营销，提升产品和服务的销量，扩大中小银行的营利空间。

面对金融业的市场环境，中小银行围绕互联网金融开展业务创新是未来的首要任务。当前，中小银行在金融创新方面已经取得了长足的进步，但是和国有大型银行相比还有一些差距，需要进一步推进创新工作的进程。

一要摆正姿态。虽然现在多数中小银行都初步实现了数字化转型，与互联网金融搭上了桥梁，但是产品同质化现象仍然比较严重。中小银行要客观理性地分析大格局，通过敏锐的洞察力，精准找到突破点，稳固自己的核心业务，不断研发金融创新产品，顺应时代潮流，明确自己的战略地位，摆正姿态。

二要与时俱进。中小银行要随时观察市场的变化情况，根据外部环境和自身发展进程对组织架构进行调整，大力发掘培育金融创新人才，完善奖励机制，通过各种培训和竞赛来提升业务人员的工作能力，明确各部门在金融创新工作中的岗位职责，让互联网的发展推动金融行业前行，两驾马车并驾齐驱，共同推进中小银行高质量发展。

三要借助技术的力量。科学技术仍是第一生产力。随着互联网金融行业的飞速发展，中小银行的应用需求也会水涨船高，但是将技术和应用衔接得恰到好处还需要不断地磨合。互联网金融时代下，中小银行可以借助先进的技术手段，如人工智能技术、大数据分析技术、区块链技术、机器人等，开拓新的金融销售和服务渠道，降低交易和服务的成本，提供更多个性化服务。过去，银行信贷业务评估手续烦琐，虚假证明和证明漏洞不断出现，扰乱了银行信贷业务的正常开展，导致评估门槛不断升高，许多个人和小微企业客户贷款难的现象日益凸显。如今，依托互联网技术，个人客户与小微企业客户的信用评级都可以一键联网查询，数据详细明确，查询门槛低，有利于简化信贷评估手续，无形中为个人客户和小微企业客户申请贷款减轻了压力，银行在监督大众信用的同时也构建了完善的信用体系，降低了不良贷款率。

四要充分挖掘客户需求。过去的客户数据都是分散的，中小银行很难从中获取一定的价值，大数据时代的到来，让数据分析有了用武之地。中小银行运用先进技术对客户信息数据进行深度挖掘，可以从中获得有价值的信息，为中小银行金融创新指明方向。

五要进行风控管理。互联网金融时代下中小银行金融创新存在诸多风险，这些风险一旦超出可控范围，就会给客户和中小银行带来严重威胁。中小银行可以借助技术力量完善金融风险监管体系，实现从源头到终端的实时监控，建立健全监督机制，让银行和客户更加放心。

第二节　互联网金融时代下中小银行发展转型

根据当前中小银行已取得的成就和发展基础，并结合未来金融行业的发展趋势，中小银行要树立以创新经营与管理、改善生态与环境、实现平稳有序发展为方向，建立特色鲜明、服务优良的现代化银行体系，打造自身多元化、差异化、特色化的发展模式，有效参与市场竞争，动态匹配经济社会的发展要求，充分服务于地方经济、小微企业、城乡居民的战略目标。

要实现这一战略目标，中小银行必须建立健全、完整、符合区域经济发展要求的全面发展体系，通过公司治理、业务发展、流程再造、内控和风险管理、信息科技建设、人力资源建设、生态环境七大发展系统的综合、协调发展，满足中小商业银行自身发展、区域经济和社会发展、国家发展的需求，实现中小商业银行发展和有效履行经济社会服务职能的和谐局面。这一全面发展体系包括七个方面，如图7-1所示。

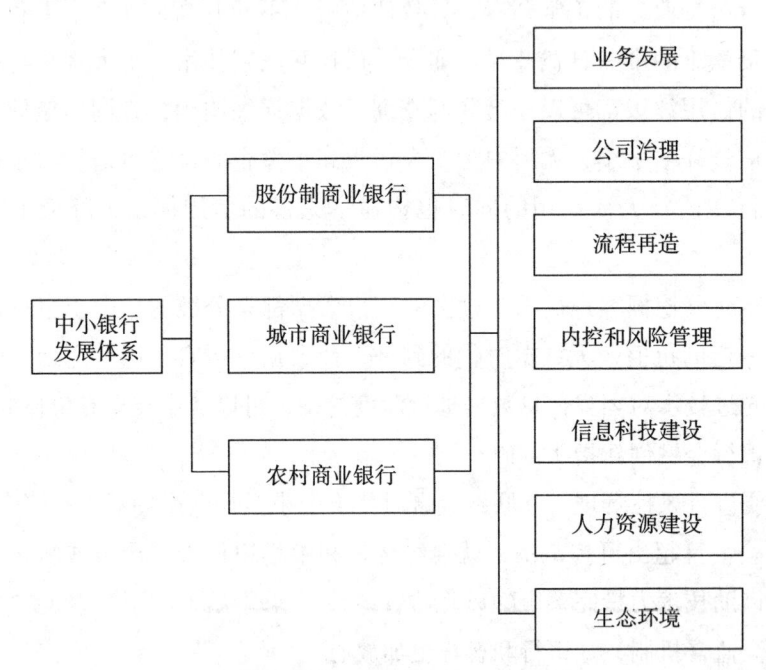

图7-1　中小银行发展体系

在不同的发展阶段，各中小银行需要对应不同的项目，发展的侧重点也有所区别,整体的发展路径是从侧重发展某项制度到全面建设完备体系。因此,各中小银行需要结合自身实际情况对发展任务进行排序,采取集成化、差异化创新策略,实现自身的创新突破。同时,中小银行群体之间可以联合起来,形成战略联盟,相互扶持、协同发展。对此,中小银行可以借鉴国际先进的经营管理理念,在保障整体发展进程前提下最大限度保留自身特色,兼顾发展自身金融创新工作和金融业其他主体的体系建设工作,促进金融行业整体全面、协调、高质量发展。

(一)实现多层次发展

多层次发展是由中小银行自身实力、市场竞争需求,以及经济社会发展需要决定。多层次发展主要包含四个层次:层次一是成为国内乃至世界知名的中小型银行。股份制银行、部分优秀的城商行和农商行以做大做强为目标,发展成为全国性银行,部分格外优秀的中小银行甚至可以制定国际化战略,成为国际金融市场的重要一员,开展国际化经营。层次二是发展区域性商业银行。中小银行要在所处区域建立良好的服务体系和品牌,形成区域内的竞争优势。层次三是发展社区银行。依托文化融合和人缘、地缘优势,提供深入社区的个性化金融服务,进行差异化的市场竞争。层次四是发展提供特色业务的小银行。比如,小微企业融资业务、扶助"三农"业务、养老金融业务等。

(二)鼓励差异化发展

差异化、特色化发展符合中小银行错位竞争、形成核心竞争力的要求。差异化发展,是指在正确把握宏观形势、政策导向的前提下,结合利益相关者的意志转变、市场动态趋势等因素,整合自身产业链、客户链、价值链的特征和优势,形成具备自身发展特点、凸显自身优势、具备核心竞争力导向的市场定位发展策略,通过集中有限的人力、财力、物力等资源,通过人力、财务、技术、品牌等多方面的资源配置,向与自身服务特点和能力相匹配的业务和客户方面倾斜,重点打造特色鲜明、绩效卓著、具有市场竞争力和影响力的产品和服务品牌,实施差异化、特色化经营,打造比较优势。

（三）有效参与市场竞争

有效的市场竞争是一个覆盖微观和宏观层面的综合性战略目标。中小银行应以市场化为导向，加强对自身的改造与优化；地方政府应加强对中小银行的监管，推进中小银行经营管理的市场化机制建设，为中小银行提供良好的金融生态环境，促使中小银行有效参与市场竞争。

（四）服务区域经济、小微企业、城乡居民

中小银行的服务对象主要是区域经济、小微企业，以及城乡居民，这是权衡民生需求、地方政府要求、金融市场竞争、自身经营管理资源等各类内外因素后的结果。在金融科技这一大势定位驱动下，中小银行要着重覆盖金融薄弱区域，重点建设面向小微企业和城乡居民的互联网金融服务，尽快匹配地方经济发展的金融需求。

参考文献

[1] 傅玉辉.大媒体产业：从媒介融合到产业融合[M].北京：中国广播电视出版社，2008.

[2] 王爱俭.20世纪国际金融理论研究：进展与评述[M].北京：中国金融出版社，2005.

[3] 达夫特.组织理论与设计[M].宋继红，薛清梅，孙晓梅，译.沈阳：东北财经大学出版社，2002.

[4] 吴昊.中小银行应用金融科技创新的策略及经济效果研究[D].广州：暨南大学，2020.

[5] 杨畅.我国中小银行金融科技创新与发展研究[D].杭州：浙江大学，2019.

[6] 田颖.我国商业银行金融产品创新的现状、问题及对策研究[D].开封：河南大学，2014.

[7] 李国庆.中国金融脱媒化的经济影响与对策研究[D].武汉：武汉大学，2015.

[8] 邹昌波.我国商业银行金融创新及影响研究[D].成都：四川大学，2021.

[9] 赵新烁.河北省村镇银行金融科技应用研究[D].保定：河北农业大学，2021.

[10] 徐楠.商业银行金融科技创新缓解中小企业融资约束研究[D].济南：山东大学，2021.

[11] 何官伟.A银行金融科技公司的绩效管理体系优化研究[D].成都：电子科技大学，2021.

[12] 彭双红.屏山农商银行金融支持乡村振兴战略的路径研究[D].昆明：昆明理工大学，2021.

[13] 李洁.金融科技、银行竞争与银行风险承担[D].重庆：西南大学，2021.

[14] 滕飞.商业银行金融创新与实体经济增长[D].南宁：广西大学，2021.

[15] 邹昌波.我国商业银行金融创新及影响研究[D].成都：四川大学，2021.

[16] 于尧.金融科技背景下我国中小银行零售业务发展战略研究[D].天津：天津财经大学，2020.

[17] 牛蕊.互联网金融对商业银行金融效率影响研究[J].山西大学学报（哲学社会科学版），2019，42（3）：122—131.

[18] 李梅."互联网+"背景下商业银行经营模式的再造[J].经济问题，2019（7）：45—53.

[19] 王国刚.中国银行业70年：简要历程、主要特点和历史经验[J].管理世界，

2019，35（7）：15—25.

[20] 王国刚.中国金融70年：简要历程、辉煌成就和历史经验[J].经济理论与经济管理，2019（7）：4—28.

[21] 范志国，林德发.互联网金融对商业银行创新能力的影响分析：基于16家商业银行经验数据的实证检验[J].西部金融，2019（6）：9—15，29.

[22] 高苑.互联网金融背景下商业银行金融创新[J].财会通讯（综合版），2019（23）：15—19.

[23] 叶文辉，陈平.互联网金融背景下中小银行对中小企业发展的促进作用研究[J].云南民族大学学报（哲学社会科学版），2019，36（5）：71—81.

[24] 胡善成，靳来群，刘慧宏.金融结构对技术创新的影响研究[J].中国科技论坛，2019（10）：33—42.

[25] 封思贤，郭仁静.数字金融、银行竞争与银行效率[J].改革，2019（11）：75—89.

[26] 蒋亮，郭晓蓓，邓金堂，等.普惠金融视角下的小额信贷问题、原因与对策建议[J].西南金融，2021（1）：38—49.

[27] 王诗卉，谢绚丽.经济压力还是社会压力：数字金融发展与商业银行数字化创新[J].经济学家，2021，5（1）：100—108.

[28] 滕飞，秦建文.商业银行金融创新与实体经济增长关系的研究[J].统计与决策，2021，37（1）：144—148.

[29] 陆岷峰，徐阳洋.科技向善：激发金融科技在金融创新与金融监管中正能量路径[J].南方金融，2021（1）：10—19.

[30] 吴文婷，欧阳敏姿，陈会雄.数字化时代银行小微金融服务创新研究[J].金融与经济，2021（1）：90—96.

[31] 魏忻.开放银行的内涵、实践探索及发展前瞻[J].西南金融，2021（3）：52—61.

[32] 陆岷峰，王婷婷.数字技术与小微金融：担保与风险转移模式创新研究：基于数字技术在商业银行小微金融风险管理中的应用[J].当代经济管理，2021，43（3）：72—82.

[33] 陆园园.科技与金融深度融合发展的新方略[J].南京社会科学，2021（5）：31—38.

[34] 刘少波，张友泽，梁晋恒.金融科技与金融创新研究进展[J].经济学动态，2021（3）：126—144.

[35] 陆岷峰.关于金融科技赋能商业银行转型发展战略研究：基于构建经济发展新格局的战略背景视角[J].大庆师范学院学报，2021，41（3）：1—9.

[36] 陆岷峰.绿色理念与低碳转型：新阶段商业银行打造低碳银行研究：基于百年绿色发展思想视角[J].金融理论与实践，2021（5）：1—11.

[37] 刘丹冰，许青伟.我国金融市场流动性监管法律制度的创新与演进：从"守住不发生系统性风险底线"说起[J].西北大学学报（哲学社会科学版），2021，51（4）：103—116.

[38] 谢婼青，李世奇，张美星.金融科技背景下普惠金融对商业银行盈利能力的影响研究[J].数量经济技术经济研究，2021，38（8）：145—163.

[39] 刘孟飞，王琦.互联网金融对商业银行绩效的影响机理与异质性研究[J].经济理论与经济管理，2021，41（8）：78—95.

[40] 李戎，刘璐茜.绿色金融与企业绿色创新[J].武汉大学学报（哲学社会科学版），2021，74（6）：126—140.

[41] 陆岷峰.商业银行场景金融：内涵、特征及发展策略[J].南方金融，2021（8）：67—77.

[42] 李建军，姜世超.银行金融科技与普惠金融的商业可持续性：财务增进效应的微观证据[J].经济学（季刊），2021，21（3）：889—908.

[43] 张瑾华，何轩，李新春.银行融资依赖与民营企业创新能力：基于中国企业家调查系统数据的实证研究[J].管理评论，2016，28（4）：98—108.

[44] 孟茜.踔厉奋斗，笃行不息，全面开启"数字中银+"新篇章[J].中国金融电脑，2022（3）：16—19.

[45] 冯乔宇.金融监管对商业银行破产制度的影响[J].合作经济与科技，2022（7）：80—81.

[46] 李俊青，寇海洁，吕洋.银行金融科技、技术进步与银行业竞争[J].山西财经大学学报，2022，44（4）：44—56.

[47] 黄勋敬，黄聪，赵曙明.互联网金融时代商业银行人才管理战略研究[J].金融论坛，2015，20（5）：62—70.

[48] 艾建华，吕彦，苏刚，等.商业银行资产管理业务发展转型及监管研究[J].金融监管研究，2015（3）：78—98.

[49] 连耀山.互联网环境下普惠金融发展研究：以中国邮政储蓄银行金融实践为

例[J].中国农业资源与区划,2015,36(3):86—90,148.

[50] 何师元."互联网+金融"新业态与实体经济发展的关联度[J].改革,2015(7):72—81.

[51] 沈悦,郭品.互联网金融、技术溢出与商业银行全要素生产率[J].金融研究,2015(3):160—175.

[52] 西南财经大学发展研究院、环保部环境与经济政策研究中心课题组,李晓西,夏光,等.绿色金融与可持续发展[J].金融论坛,2015,20(10):30—40.

[53] 吴成颂,周炜,张鹏.互联网金融对银行创新能力的影响研究:来自62家城商行的经验证据[J].贵州财经大学学报,2016(3):54—65.

[54] 方智勇.商业银行绿色信贷创新实践与相关政策建议[J].金融监管研究,2016(6):57—72.

[55] 李怀,蒋雨亭.创新驱动的银行绩效增长模式:以民生银行为例[J].经济与管理研究,2016,37(10):31—41.

[56] 权飞过,王晓芳.金融创新对商业银行风险承担的影响:基于金融创新的分类研究[J].财经论丛,2016(9):35—45.

[57] 蒋雨亭,史彦泽.我国商业银行金融创新的动力与监管制度的构建[J].财经问题研究,2016(11):51—58.

[58] 吴朝平.商业银行与金融科技公司的联合创新探讨[J].新金融,2018(2):54—58.

[59] 孙娜.新形势下金融科技对商业银行的影响及对策[J].宏观经济管理,2018(4):72—79.

[60] 张明喜,魏世杰,朱欣乐.科技金融:从概念到理论体系构建[J].中国软科学,2018(4):31—42.

[61] 徐忠.新时代背景下中国金融体系与国家治理体系现代化[J].经济研究,2018,53(7):4—20.

[62] 刘培森.金融发展、创新驱动与长期经济增长[J].金融评论,2018,10(4):41—59.

[63] 许多奇.互联网金融风险的社会特性与监管创新[J].法学研究,2018,40(5):20—39.

[64] 廖戎戎,蒋团标,喻微锋.互联网金融对银行创新能力的影响:基于58家商业

银行面板数据的实证[J].金融与经济,2018(9):52—57.

[65] 胡文涛,张理,李响军,等.商业银行金融创新与盈利能力的非线性关系研究:基于我国上市商业银行面板数据的门槛模型分析[J].金融监管研究,2018(9):16—31.

[66] 陈泽鹏,黄子译,谢洁华,等.商业银行发展金融科技现状与策略研究[J].金融与经济,2018(11):22—28.

[67] 张杰.构建支撑制造业高质量发展的中国现代金融体系发展路径与突破方向[J].安徽大学学报(哲学社会科学版),2020,44(1):136—147.

[68] 王永海,章涛.金融创新、审计质量与银行风险承受:来自我国商业银行的经验证据[J].会计研究,2014(4):81—87.

[69] 方芳.大数据技术在商业银行金融统计中的运用发展路径[J].全国流通经济,2022(2):157—159.

[70] 郑晓龙.浅析货币政策对商业银行金融风险承担的影响[J].中国集体经济,2022(8):98—99.

[71] 陈一洪,梁培金.我国中小银行发展普惠金融面临的难题与破解路径[J].南方金融,2018(12):88—96.

[72] 姜增明,陈剑锋,张超.金融科技赋能商业银行风险管理转型[J].当代经济管理,2019,41(1):85—90.

[73] 胡文涛,张理,李宵宵,等.商业银行金融创新、风险承受能力与盈利能力[J].金融论坛,2019,24(3):31—47.

[74] 陆岷峰,周军煜.数字化小微金融发展战略研究[J].北华大学学报(社会科学版),2019,20(2):127—134.